中国上市公司协会公司治理丛书

上市公司董事会秘书工作手册

——信息披露政策法规汇编

北交所版

中国上市公司协会　编

中国财经出版传媒集团
中国财政经济出版社

图书在版编目（CIP）数据

上市公司董事会秘书工作手册：信息披露政策法规汇编．北交所版／中国上市公司协会编．--北京：中国财政经济出版社，2022.4

（中国上市公司协会公司治理丛书）

ISBN 978-7-5223-1230-9

Ⅰ.①上… Ⅱ.①中… Ⅲ.①上市公司-董事会-秘书-工作-中国-手册②上市公司-经济政策-汇编-中国-手册③上市公司-公司法-汇编-中国-手册 Ⅳ.①F279.246-62②D922.291.919-62

中国版本图书馆CIP数据核字（2022）第039776号

责任编辑：叶 彤　　责任校对：胡永立

封面设计：北京兰卡绘世　　责任印制：党 辉

上市公司董事会秘书工作手册

SHANGSHI GONGSI DONGSHIHUI MISHU GONGZUO SHOUCE

中国财政经济出版社 出版

URL：http：//www.cfeph.cn

E-mail：cfeph@cfeph.cn

社址：北京市海淀区阜成路甲28号 邮政编码：100142

营销中心电话：010-88191522

天猫网店：中国财政经济出版社旗舰店

网址：https：//zgczjjcbs.tmall.com

北京时捷印刷有限公司印刷 各地新华书店经销

成品尺寸：185mm×260mm 16开 11印张 265 000字

2022年4月第1版 2022年4月北京第1次印刷

定价：48.00元

ISBN 978-7-5223-1230-9

（图书出现印装问题，本社负责调换，电话：010-88190548）

本社质量投诉电话：010-88190744

打击盗版举报热线：010-88191661 QQ：2242791300

前　言

2019年12月28日，第十三届全国人大常委会第十五次会议审议通过了修订后的《中华人民共和国证券法》，已于2020年3月1日起施行。本次《证券法》修订，按照顶层制度设计要求，进一步完善了证券市场基础制度，体现了市场化、法治化、国际化方向，为证券市场全面深化改革落实落地，有效防控市场风险，提高上市公司质量，切实维护投资者合法权益，促进证券市场服务实体经济功能发挥，打造一个规范、透明、开放、有活力、有韧性的资本市场，提供了坚强的法治保障，具有非常重要而深远的意义。

《证券法》的修订，完善了资本市场的基础制度，并对制定相应的配套行政法规和监管规章、规则作出了必要的授权。新《证券法》的施行，标志着中国资本市场发展进入了一个新的历史阶段，为进一步完善资本市场基础制度明确了方向。为深入贯彻国务院金融委“建制度、不干预、零容忍”的工作方针，构建更加科学规范的上市公司监管法规体系，让法规变得“科学、易懂、管用”，进一步强化上市公司监管法规的科学性、体系性、规范性，助推提升上市公司质量，中国证监会和沪深证券交易所共同开展了上市公司监管法规体系的整合工作。

2022年年初，中国证监会、沪深交易所正式颁布了100多部与上市公司相关的法律法规，进一步整合上市公司监管法规体系，规则数量压缩60%，是资本市场上市公司监管法规体系30年来的首次全面整合修订。整合后的上市公司监管法规主要呈现以下特点：

一是体系化繁为简。业务分类包含信息披露、公司治理、并购重组、监管职责四大类；在层次上，证监会层面构建基础规则、监管指引、规则适用意见三个层次；交易所层面构建自律监管规则、自律监管指引、自律监管指南三个层次，做到了行政监管与自律监管的有效衔接。

二是内容更为规范合理。在“避免实体内容大修大改”的前提下，优化上下位规则关系，尽量“找平”沪深交易所规则的章节体例并维持两所规则内容上的合理差异，技术上合并同一事项规则、修改废止不符合实践或存在矛盾的规则，统一文字表述和格式体例。

三是数量显著减少。整合后的规则更为简明、清晰。

为便于发行人、上市公司及相关市场主体学习、查询并遵守执行，更全面、更便捷地学习和掌握证券市场相关的法律法规和政策，增强上市公司规范运作意识，中国上市公司协会董事会秘书委员会汇编了整合修订后的监管法规体系。汇编紧贴上市公司实际需求，紧扣监管部门的监管要求，旨在强调其时效性、功能性，力求突出以下两方面内容：

一是以全面整合修订后的监管法规体系为主，配合仍现行有效的重要法规为辅，力争做到上市公司重要监管法规体系的360度全覆盖。汇编不但包含了2022年年初中国证监会、沪深北交易所正式颁布的与上市公司相关的法律法规，还包含了上市公司相关业务中涉及的以往颁布的重要监管法规，如2021年颁布的《上市公司信息披露管理办法》、2018年颁布的《上市公司股权激励管理办法》等。

二是从市场不同主体的需求与特点出发，提升汇编使用的便捷性、精准性，按1+X的形式共计汇编成6册内容，包括通用版即中国证监会颁布的基础规则、监管指引、规则适用意见；X由沪主板、科创板、深主板、创业板、北交所各自证券交易所层面颁布的自律监管规则、自律监管指引、自律监管指南汇总而成。

资本市场作为现代市场经济的重要组成，对新时代我国经济高质量发展将发挥更加重要的推动作用，面对市场化、法治化、专业化的内在发展要求，不断提升上市公司相关从业人员的专业能力至关重要。望发行人、上市公司及相关市场主体自觉守法、共同维护资本市场法治环境。

由于法律法规处在不断修订完善的过程中，各上市公司面临的情况也不尽相同，本汇编在编辑方面可能存在不足，敬请指正。

中国上市公司协会

2022年3月

目　录

北京证券交易所股票上市规则（试行）

【发布机关】北京证券交易所
【发文字号】北证公告〔2021〕13号
【发布日期】2021年10月30日

为了规范北京证券交易所（以下简称本所）股票上市和持续监管事宜，保护投资者的合法权益，本所制定了《北京证券交易所股票上市规则（试行）》，经中国证监会批准，现予以发布，自2021年11月15日起施行。

全国中小企业股份转让系统精选层（以下简称精选层）挂牌公司平移为本所上市公司，上市时间自其在精选层挂牌之日起连续计算。在精选层挂牌未满12个月的公司的董事、监事、高级管理人员，以及在精选层挂牌时未盈利公司的控股股东、实际控制人、董事、监事、高级管理人员所持有的非限售股份，应当在本规则施行前办理限售。

原精选层挂牌公司保荐机构的持续督导期间适用本规则的规定，自其在精选层挂牌之日起连续计算。本所对上市公司信息披露管理机制进行调整前，承担保荐职责的证券公司应当继续按照现行机制履行信息披露文件的审阅、上传，以及相关日常业务办理等职责，并做好内幕信息知情人登记管理。

特此公告。

北京证券交易所

2021年10月30日

第一章　总　则

1.1　为了规范北京证券交易所（以下简称本所）股票上市和持续监管事宜，维护证券市场公开、公平、公正，保护投资者的合法权益，根据《中华人民共和国公司法》（以下简称《公司法》）、《中华人民共和国证券法》（以下简称《证券法》）、《证券交易所管理办法》以及《北京证券交易所上市公司持续监管办法（试行）》（以下简称《持续监管办法》）等法律法规、部门规章，制定本规则。

1.2　股票在本所的上市和持续监管事宜，适用本规则；本规则未作规定的，适用本所其他相关规定。

可转换为股票的公司债券（以下简称可转换公司债券）、存托凭证、股票或者存托凭证衍生品种的上市和持续监管等事宜，适用本所相关规定；未规定的，参照适用本规则关于股票的相关规定。

1.3　发行人申请股票在本所上市，应当经本所审核同意，并在上市前与本所签订上市协议，明确双方的权利、义务和其他有关事项。

1.4　本所充分发挥对全国中小企业股份转让系统（以下简称全国股转系统）的示范引领作用，深入贯彻创新驱动发展战略，聚焦实体经济，主要服务创新型中小企业，重点支持先进制造业和现代服务业等领域的企业，推动传统产业转型升级，培育经济发展新动能，促进经济高质量发展。

1.5　发行人、上市公司及其董事、监事、高级管理人员、股东、实际控制人、收购人、重大资产重组交易对方、破产管理人等机构及其相关人员，应当遵守法律、行政法规、部门规章、规范性文件（以下统称法律法规），本规则以及本所其他业务规则（以下统称本所业务规则），履行信息披露义务，促进公司规范运作。

1.6　为发行人、上市公司以及相关信息披露义务人提供服务的保荐机构及其保荐代表人、证券服务机构及其相关人员，应当遵守法律法规、本所业务规则，诚实守信，勤勉尽责。

保荐机构、保荐代表人、证券服务机构制作、出具文件应当对所依据资料内容的真实性、准确性、完整性进行核查和验证，所制作、出具的文件不得有虚假记载、误导性陈述或者重大遗漏。

1.7　本所依据法律法规、本所业务规则、上市协议、相关主体的声明与承诺，对本规则第1.5条、第1.6条规定的机构及相关人员进行自律监管。

第二章　股票上市和交易

第一节　向不特定合格投资者公开发行股票并上市

2.1.1　发行人申请向不特定合格投资者公开发行股票并在本所上市的（以下简称公开发行并上市），适用本节规定。

2.1.2　发行人申请公开发行并上市，应当符合下列条件：

（一）发行人为在全国股转系统连续挂牌满12个月的创新层挂牌公司；

（二）符合中国证券监督管理委员会（以下简称中国证监会）规定的发行条件；

（三）最近1年期末净资产不低于5000万元；

（四）向不特定合格投资者公开发行（以下简称公开发行）的股份不少于100万股，

发行对象不少于 100 人；

（五）公开发行后，公司股本总额不少于 3000 万元；

（六）公开发行后，公司股东人数不少于 200 人，公众股东持股比例不低于公司股本总额的 25%；公司股本总额超过 4 亿元的，公众股东持股比例不低于公司股本总额的 10%；

（七）市值及财务指标符合本规则规定的标准；

（八）本所规定的其他上市条件。

本所可以根据市场情况，经中国证监会批准，对上市条件和具体标准进行调整。

2.1.3 发行人申请公开发行并上市，市值及财务指标应当至少符合下列标准中的一项：

（一）预计市值不低于 2 亿元，最近 2 年净利润均不低于 1500 万元且加权平均净资产收益率平均不低于 8%，或者最近 1 年净利润不低于 2500 万元且加权平均净资产收益率不低于 8%；

（二）预计市值不低于 4 亿元，最近 2 年营业收入平均不低于 1 亿元，且最近 1 年营业收入增长率不低于 30%，最近 1 年经营活动产生的现金流量净额为正；

（三）预计市值不低于 8 亿元，最近 1 年营业收入不低于 2 亿元，最近 2 年研发投入合计占最近 2 年营业收入合计比例不低于 8%；

（四）预计市值不低于 15 亿元，最近 2 年研发投入合计不低于 5000 万元。

前款所称预计市值是指以发行人公开发行价格计算的股票市值。

2.1.4 发行人申请公开发行并上市，不得存在下列情形：

（一）最近 36 个月内，发行人及其控股股东、实际控制人，存在贪污、贿赂、侵占财产、挪用财产或者破坏社会主义市场经济秩序的刑事犯罪，存在欺诈发行、重大信息披露违法或者其他涉及国家安全、公共安全、生态安全、生产安全、公众健康安全等领域的重大违法行为；

（二）最近 12 个月内，发行人及其控股股东、实际控制人、董事、监事、高级管理人员受到中国证监会及其派出机构行政处罚，或因证券市场违法违规行为受到全国中小企业股份转让系统有限责任公司（以下简称全国股转公司）、证券交易所等自律监管机构公开谴责；

（三）发行人及其控股股东、实际控制人、董事、监事、高级管理人员因涉嫌犯罪正被司法机关立案侦查或涉嫌违法违规正被中国证监会及其派出机构立案调查，尚未有明确结论意见；

（四）发行人及其控股股东、实际控制人被列入失信被执行人名单且情形尚未消除；

（五）最近 36 个月内，未按照《证券法》和中国证监会的相关规定在每个会计年度结束之日起4个月内编制并披露年度报告，或者未在每个会计年度的上半年结束之日起2个月内编制并披露中期报告；

（六）中国证监会和本所规定的，对发行人经营稳定性、直接面向市场独立持续经营的能力具有重大不利影响，或者存在发行人利益受到损害等其他情形。

2.1.5 发行人具有表决权差异安排的，该安排应当平稳运行至少一个完整会计年度，且相关信息披露和公司治理应当符合中国证监会及全国股转公司相关规定。

2.1.6 发行人公开发行股票经中国证监会注册并完成发行后，应当提交下列文件，向本所提出股票上市申请：

（一）上市申请书；

（二）中国证监会同意注册的决定；

（三）公开发行结束后，符合《证券法》规定的会计师事务所出具的验资报告；

（四）中国证券登记结算有限责任公司北京分公司出具的股票登记相关文件；

（五）保荐机构关于办理完成限售登记及符合相关规定的承诺；

（六）公开发行后至上市前，按规定新增的财务资料和有关重大事项的说明（如适用）；

（七）本所要求的其他文件。

2.1.7 发行人及其董事、监事、高级管理人员应当保证上市申请文件真实、准确、完整，不存在虚假记载、误导性陈述或者重大遗漏。

2.1.8 本所收到发行人完备的上市申请文件后5个交易日内，作出是否同意上市的决定。

发行人发生对是否符合上市条件和信息披露要求产生重大影响的重大事项，本所可提请上市委员会进行审议，审议时间不计入前款规定期限。

2.1.9 发行人应当于股票上市前3个交易日内，在符合《证券法》规定的信息披露平台（以下简称规定信息披露平台）披露下列文件：

（一）上市公告书；

（二）公司章程；

（三）本所要求的其他文件。

第二节 上市公司股票的发行与上市

2.2.1 上市公司向不特定合格投资者公开发行股票的（以下简称上市公司公开发行），应当按照中国证监会及本所有关规定及时披露涉及股票发行的相关公告，并向本所申请办理发行事宜。

上市公司向特定对象发行股票的（以下简称上市公司定向发行），应当按照中国证监会和本所有关规定办理发行事宜。

2.2.2　上市公司在股票发行结束后，应当按照本所规定披露上市公告等相关文件，并向本所申请办理新增股份上市事宜。

2.2.3　上市公司申请股票在本所上市时仍应当符合相应的发行条件。

第三节　募集资金管理

2.3.1　发行人应当建立募集资金存储、使用、监管和责任追究的内部制度，明确募集资金使用的分级审批权限、决策程序、风险防控措施和信息披露要求。

2.3.2　发行人募集资金应当存放于募集资金专项账户，该账户不得存放非募集资金或用作其他用途。发行人应当与保荐机构、存放募集资金的商业银行签订三方监管协议。

2.3.3　发行人募集资金应当用于主营业务及相关业务领域。暂时闲置的募集资金可以进行现金管理，投资于安全性高、流动性好、可以保障投资本金安全的理财产品。

发行人使用闲置募集资金投资理财产品的，应当经公司董事会审议通过并披露，独立董事和保荐机构应当发表明确同意意见并披露。

除金融类企业外，募集资金不得用于持有交易性金融资产、其他权益工具投资、其他债权投资或借予他人、委托理财等财务性投资，不得直接或间接投资于以买卖有价证券为主营业务的公司，不得用于股票及其衍生品种、可转换公司债券等高风险投资，不得通过质押、委托贷款或其他方式变相改变募集资金用途。

2.3.4　发行人应当按照公开披露的用途使用募集资金；改变募集资金用途的，应当经公司董事会、股东大会审议通过并披露，独立董事和保荐机构应当发表明确同意意见并披露。

存在下列情形的，视为募集资金用途变更：

（一）取消或者终止原募集资金项目，实施新项目；

（二）变更募集资金投资项目实施主体（实施主体在发行人及其全资子公司之间变更的除外）；

（三）变更募集资金投资项目实施方式；

（四）本所认定为募集资金用途变更的其他情形。

发行人仅改变募集资金投资项目实施地点的，可免于提交股东大会审议。

2.3.5　暂时闲置的募集资金可暂时用于补充流动资金。暂时补充流动资金，仅限于与主营业务相关的生产经营使用，不得直接或间接用于股票及其衍生品种、可转换公司债券等高风险投资。

闲置募集资金暂时用于补充流动资金的，应当经发行人董事会审议通过并披露，独立董事和保荐机构应当发表明确同意意见并披露。单次补充流动资金最长不得超过 12 个月。

补充流动资金到期日之前，发行人应当将该部分资金归还至募集资金专户，并在资金全部归还后及时公告。

2.3.6 发行人实际募集资金净额超过计划募集资金金额的部分（即超募资金）用于永久补充流动资金和归还银行借款的，应当经公司董事会、股东大会审议通过并披露，独立董事和保荐机构应当发表明确同意意见并披露。发行人应当公开承诺，在补充流动资金后的12个月内不进行股票及其衍生品种、可转换公司债券等高风险投资，或者为他人提供财务资助。

2.3.7 发行人以自筹资金预先投入公开披露的募集资金用途后，以募集资金置换自筹资金的，应当经公司董事会审议通过并披露，独立董事和保荐机构应当发表明确同意意见并披露。发行人应当及时披露募集资金置换公告以及保荐机构关于发行人前期资金投入具体情况或安排的专项意见。

2.3.8 发行人董事会应当每半年度对募集资金使用情况进行自查，出具自查报告，并在披露年度报告及中期报告时一并披露。

发行人董事会应当聘请会计师事务所对募集资金存放和使用情况出具鉴证报告，并在发行人披露年度报告时一并披露。

保荐机构每年就发行人募集资金存放和使用情况至少进行一次现场核查，出具核查报告，并在公司披露年度报告时一并披露。

第四节 股份变动管理

2.4.1 上市公司股东以及董事、监事和高级管理人员所持股份的限售、减持及其他股份变动事宜，应当遵守《公司法》《证券法》，以及中国证监会和本所关于上市公司股份变动的相关规定。

2.4.2 上市公司控股股东、实际控制人及其亲属，以及上市前直接持有10%以上股份的股东或虽未直接持有但可实际支配10%以上股份表决权的相关主体，持有或控制的本公司向不特定合格投资者公开发行前的股份，自公开发行并上市之日起12个月内不得转让或委托他人代为管理。

前款所称亲属，是指上市公司控股股东、实际控制人的配偶、子女及其配偶、父母及配偶的父母、兄弟姐妹及其配偶、配偶的兄弟姐妹、子女配偶的父母以及其他关系密切的家庭成员。

2.4.3 上市公司董事、监事、高级管理人员持有的本公司股份，按照《公司法》规定，自上市之日起12个月内不得转让，在任职期间每年转让的股份不超过其所持本公司股份总数的25%，离职后6个月内不得转让。

2.4.4 上市公司董事、监事、高级管理人员应当按照本所规定的时间、方式报备个人信息和持有本公司股份的情况，其所持有的规定期间不得转让的股份，应当按照本所相关规定办理限售。

公司董事、监事、高级管理人员所持本公司股份发生变动的，应当及时向公司报告并由公司在规定信息披露平台的专区披露，但因权益分派导致的变动除外。

2.4.5 发行人高级管理人员、核心员工通过专项资产计划、员工持股计划等参与战略配售取得的股份，自公开发行并上市之日起12个月内不得转让或委托他人代为管理。其他投资者参与战略配售取得的股份，自公开发行并上市之日起6个月内不得转让或委托他人代为管理。

2.4.6 公司上市时未盈利的，在实现盈利前，控股股东、实际控制人、董事、监事、高级管理人员自公司股票上市之日起2个完整会计年度内，不得减持公开发行并上市前股份；公司实现盈利后，可以自当年年度报告披露后次日起减持公开发行并上市前股份，但应遵守本节相关规定。

董事、监事、高级管理人员在前款规定期间内离职的，应当继续遵守前款规定。

2.4.7 上市公司申请有限售条件的股份解除限售，应当按照本所相关规定办理，并在规定期限内披露提示性公告。

上市公司控股股东、实际控制人在限售期届满后减持公开发行并上市前所持股份的，应当明确并披露未来12个月的控制权安排，保证公司持续稳定经营。

2.4.8 具有下列情形之一的，上市公司控股股东和持股5%以上的股东（以下统称大股东）、实际控制人不得减持其所持有的本公司股份：

（一）上市公司或其大股东、实际控制人因涉嫌证券期货违法犯罪，在被中国证监会及其派出机构立案调查或者被司法机关立案侦查期间，以及在行政处罚决定、刑事判决作出之后未满6个月的；

（二）大股东、实际控制人因违反本所业务规则，被本所公开谴责未满3个月的；

（三）中国证监会及本所规定的其他情形。

大股东、公司实际控制人通过本所和全国股转系统的竞价或做市交易买入本公司股份，其减持不适用前款规定。

2.4.9 上市公司董事、监事、高级管理人员具有下列情形之一的，不得减持其所持有的本公司股份：

（一）因涉嫌证券期货违法犯罪，在被中国证监会及其派出机构立案调查或者被司法机关立案侦查期间，以及在行政处罚决定、刑事判决作出之后未满6个月的；

（二）因违反本所规则，被本所公开谴责未满3个月的；

（三）中国证监会及本所规定的其他情形。

2.4.10 上市公司大股东、实际控制人、董事、监事、高级管理人员计划通过集中竞价交易减持其所持有本公司股份的，应当及时通知公司，并按照下列规定履行信息披露义务：

（一）在首次卖出股份的15个交易日前预先披露减持计划，每次披露的减持时间区间不得超过6个月；

（二）拟在3个月内卖出股份总数超过公司股份总数1%的，除按照本条第一款第一项规定履行披露义务外，还应当在首次卖出的30个交易日前预先披露减持计划；

（三）在减持时间区间内，减持数量过半或减持时间过半时，披露减持进展情况；

（四）在股份减持计划实施完毕或者披露的减持时间区间届满后及时公告具体减持情况。

实际控制人、大股东通过本所和全国股转系统的竞价或做市交易买入本公司股份，其减持不适用前款规定。

2.4.11 上市公司控股股东、实际控制人减持股份，除遵守本规则第2.4.10条规定外，还应当在减持计划中披露上市公司是否存在重大负面事项、重大风险、控股股东或实际控制人认为应当说明的事项，以及本所要求披露的其他内容。

2.4.12 上市公司可能触及本规则第十章规定的重大违法强制退市情形的，自相关行政处罚事先告知书或者司法裁判作出之日起至下列任一情形发生前，公司控股股东、实际控制人以及董事、监事、高级管理人员不得减持公司股份：

（一）公司股票终止上市并摘牌；

（二）公司收到相关行政处罚决定或者人民法院司法裁判生效，显示公司未触及重大违法强制退市情形。

2.4.13 投资者及其一致行动人在上市公司拥有权益的股份变动涉及《证券法》《上市公司收购管理办法》等规定的收购或者股份权益变动情形的，应当按照规定履行报告和公告义务，并及时通知公司发布提示性公告。公司应当在知悉上述收购或者股份权益变动时，及时对外发布公告。

2.4.14 上市公司董事、监事和高级管理人员在下列期间不得买卖本公司股票：

（一）公司年度报告、中期报告公告前30日内及季度报告公告前10日内；因特殊原因推迟年度报告、中期报告公告日期的，自原预约公告日前30日起算，直至公告日日终；

（二）公司业绩预告、业绩快报公告前10日内；

（三）自可能对公司股票交易价格、投资者投资决策产生较大影响的重大事件（以下简称重大事件或重大事项）发生之日或者进入决策程序之日，至依法披露之日内；

（四）中国证监会、本所认定的其他期间。

2.4.15 上市公司控股股东、实际控制人在下列期间不得买卖本公司股票：

（一）公司年度报告公告前30日内，因特殊原因推迟年度报告公告日期的，自原预约公告日前30日起算，直至公告日日终；

（二）本规则第2.4.14条第二项至第四项规定的期间。

2.4.16 本节规定的上市公司股东所持股份应当与其一致行动人所持股份合并计算，

一致行动人的认定适用《上市公司收购管理办法》的规定。

无控股股东、实际控制人的，上市公司第一大股东及其最终控制人应当参照适用本节关于控股股东、实际控制人的规定。

第三章 上市保荐和持续督导

第一节 上市保荐

3.1.1 发行人向本所申请公开发行并上市、上市公司发行的新股在本所上市，应当由保荐机构保荐，根据相关规定无须保荐的除外。保荐机构应当为具有保荐业务资格，且取得本所会员资格的证券公司。

公开发行并上市的发行人应当聘请在申报时为其提供持续督导服务的主办券商担任保荐机构，主办券商不具有保荐业务资格的，可以由其控股的具有保荐业务资格的子公司担任。

3.1.2 发行人应当与保荐机构签订保荐协议，明确双方在保荐和持续督导期间的权利和义务，合理确定保荐费用的金额和支付时间。

公开发行并上市的，持续督导期间为股票上市当年剩余时间及其后 3 个完整会计年度；上市后发行新股的，持续督导期间为股票上市当年剩余时间及其后 2 个完整会计年度。持续督导期间自股票上市之日计算。

3.1.3 保荐机构应当指定 2 名保荐代表人具体负责保荐工作。保荐代表人应当为具有保荐代表人资格的自然人。

3.1.4 保荐机构保荐股票上市时，应当向本所提交上市保荐书，以及与上市保荐工作有关的其他文件。

第二节 保荐持续督导

3.2.1 保荐机构应当督导上市公司建立健全并有效执行公司治理制度、财务内控制度和信息披露制度，督导上市公司按照本规则的规定履行信息披露及其他相关义务，审阅信息披露文件及其他相关文件，并保证制作、出具的文件真实、准确、完整，不存在虚假记载、误导性陈述和重大遗漏。

保荐机构及其保荐代表人应当督导上市公司的控股股东、实际控制人、董事、监事和高级管理人遵守本所业务规则，履行其所作出的承诺。

3.2.2 保荐机构应当指定为发行上市提供保荐服务的保荐代表人负责持续督导工作，并在上市公告书中予以披露。前述保荐代表人不能履职的，保荐机构应当另行指定履职能力相当的保荐代表人并披露。

3.2.3 除中国证监会和本所规定情形外，上市公司原则上不得变更履行持续督导职责的保荐机构。

上市公司因再次发行证券另行聘请保荐机构的，另行聘请的保荐机构应当履行剩余期限的持续督导职责。

保荐机构被撤销保荐资格的，上市公司应当在1个月内另行聘请保荐机构，履行剩余期限的持续督导职责。另行聘请的保荐机构持续督导的时间不得少于1个完整的会计年度。

原保荐机构在履行持续督导职责期间未勤勉尽责的，其责任不因保荐机构的更换而免除或者终止。

3.2.4 上市公司与保荐机构之间终止保荐协议、上市公司另行聘请保荐机构的，应当及时向本所报告并予以披露。

3.2.5 保荐机构更换保荐代表人的，应当及时通知上市公司。上市公司应当在收到通知后及时披露保荐代表人变更事宜。

3.2.6 保荐机构应当建立健全并有效执行持续督导业务管理制度。

保荐机构、保荐代表人应当制作并保存持续督导工作底稿。工作底稿应当真实、准确、完整地反映保荐机构、保荐代表人履行持续督导职责所开展的主要工作，并作为出具相关意见或者报告的基础。

3.2.7 保荐机构及其保荐代表人在持续督导期间，履行持续督导职责的具体事项，应当符合中国证监会和本所相关规定。

3.2.8 上市公司应当按照下列要求，积极配合保荐机构履行持续督导职责：

（一）根据保荐协议、保荐机构及其保荐代表人的要求，及时提供履行保荐职责必需的信息；

（二）发生应当披露的重大事项或者出现重大风险的，及时告知保荐机构及其保荐代表人；

（三）根据保荐机构及其保荐代表人的意见，及时履行信息披露义务或者采取相应整改措施；

（四）为保荐机构及其保荐代表人履行保荐职责提供其他必要的条件和便利；

（五）协助保荐机构及其保荐代表人披露持续督导意见。

上市公司不配合保荐工作的，保荐机构应当督促其改正；情节严重的，及时向本所报告。

3.2.9 保荐机构及其保荐代表人应当持续关注上市公司运作情况，充分了解公司及其业务，通过日常沟通、定期或不定期回访、查阅资料、列席股东大会、董事会、监事会等方式，关注公司日常经营、股票交易和媒体报道等情况，督促相关信息披露义务人履行信息披露义务。

3.2.10 保荐机构及其保荐代表人发现上市公司拟披露信息或已披露信息存在任何错

误、遗漏或者误导的，或者发现存在应当披露而未披露事项的，应当要求公司进行更正或补充。上市公司拒不配合的，应当及时向本所报告，并发布风险揭示公告。

3.2.11 保荐机构及其保荐代表人应当督促上市公司或其控股股东、实际控制人切实履行所做出的公开承诺。

发行人或其控股股东、实际控制人披露、履行或者变更承诺事项，不符合中国证监会和本所相关规定的，保荐机构及其保荐代表人应当及时提出督导意见，并督促相关主体进行补正。

3.2.12 保荐机构及其保荐代表人应当按照中国证监会和本所的相关规定做好募集资金使用的督导、核查工作，出具核查报告。

3.2.13 上市公司出现下列情形之一的，上市公司在披露临时报告前应当告知保荐机构及其保荐代表人。保荐机构及其保荐代表人应当督促上市公司按规定履行信息披露义务，就信息披露是否真实、准确、完整，对公司经营的影响，以及是否存在其他未披露重大风险等内容发表意见，并于上市公司披露公告时予以披露：

（一）关联交易；

（二）提供担保；

（三）变更募集资金用途；

（四）主要业务停滞或出现可能导致主要业务停滞的重大风险事件；

（五）公司经营业绩异常波动；

（六）控股股东、实际控制人及其一致行动人所持股份被司法冻结且可能导致控制权发生变动；

（七）控股股东、实际控制人及其一致行动人质押公司股份比例超过所持股份的80%或者被强制处置；

（八）本所或者保荐机构认为需要发表意见的其他事项。

保荐机构、保荐代表人无法按时履行前款所述职责的，应当披露尚待核实的事项及预计发表意见的时间，并充分提示风险。

3.2.14 上市公司出现下列情形之一的，保荐机构及其保荐代表人应自知道或应当知道之日起15个交易日内进行专项现场核查：

（一）未在规定期限内披露年度报告或中期报告；

（二）控股股东、实际控制人或其他关联方涉嫌违规占用或转移上市公司的资金、资产及其他资源；

（三）关联交易显失公允或未履行审议程序和信息披露义务；

（四）违规使用募集资金；

（五）违规为他人提供担保或借款；

（六）上市公司及其董事、监事、高级管理人员、控股股东、实际控制人涉嫌重大违法违规；

（七）存在重大财务造假嫌疑；

（八）本所或保荐机构认为应当进行核查的其他情形。

保荐机构进行现场核查的，应当就核查情况、提请上市公司及投资者关注的问题、本次现场核查结论等事项出具现场核查报告，并在现场核查结束后15个交易日内披露。

3.2.15 保荐持续督导工作结束后，保荐机构应当在上市公司年度报告披露之日起10个交易日内，向发行人所在地的中国证监会派出机构、本所报送保荐工作总结。

3.2.16 保荐持续督导期届满，上市公司募集资金尚未使用完毕的，保荐机构应继续履行募集资金相关的持续督导职责，如有其他尚未完结的保荐工作，保荐机构应当继续完成。

第四章 公司治理

第一节 股东大会、董事会和监事会

4.1.1 上市公司应当在公司章程中载明股东大会、董事会、监事会的职责，以及召集、召开和表决等程序，规范股东大会、董事会、监事会运作机制。

上市公司应当制定股东大会议事规则、董事会议事规则和监事会议事规则，并列入公司章程或者作为章程附件。董事会议事规则、监事会议事规则，应当经股东大会审议通过。

4.1.2 上市公司股东大会应当在《公司法》和公司章程规定的范围内行使职权。

上市公司应当在公司章程中规定股东大会对董事会的授权原则，授权内容应当明确具体。股东大会不得将其法定职权授予董事会行使。

4.1.3 上市公司应当严格依照法律法规、本所业务规则和公司章程的规定召开临时股东大会和年度股东大会，保证股东能够依法行使权利。年度股东大会每年召开1次，应当在上一会计年度结束后的6个月内召开；临时股东大会不定期召开，出现《公司法》规定应当召开临时股东大会情形的，应当在2个月内召开。在上述期限内不能召开股东大会的，上市公司应当及时向公司所在地中国证监会派出机构和本所报告，说明原因并公告。

4.1.4 上市公司董事会应当切实履行职责，在本规则第4.1.3条规定的期限内按时召集股东大会。全体董事应当勤勉尽责，确保股东大会正常召开和依法行使职权。

监事会有权向董事会提议召开临时股东大会，并应当以书面形式提出。董事会不同意召开，或者在收到提议后10日内未做出书面反馈的，监事会应当自行召集和主持临时股东大会。

单独或者合计持有公司10%以上股份的股东可以书面提议董事会召开临时股东大会；

董事会不同意召开，或者在收到提议后 10 日内未做出反馈的，上述股东可以书面提议监事会召开临时股东大会。监事会同意召开的，应当在收到提议后 5 日内发出召开股东大会的通知；未在规定期限内发出通知的，视为监事会不召集和主持股东大会，连续 90 日以上单独或者合计持有公司 10% 以上股份的股东可以自行召集和主持临时股东大会。在股东大会决议公告之前，召集股东大会的股东合计持股比例不得低于 10%。

监事会或者股东依法自行召集股东大会的，上市公司董事会、董事会秘书应当予以配合，并及时履行信息披露义务。上市公司章程中应当载明监事会或者股东依法自行召集股东大会产生的必要费用由上市公司承担。

4.1.5 股东大会提案的内容应当符合法律法规和公司章程的相关规定，属于股东大会职权范围，有明确议题和具体决议事项。

4.1.6 上市公司召开股东大会应当将会议召开的时间、地点和审议的事项以公告的形式向全体股东发出通知。股东大会通知中应当列明会议时间、地点，并确定股权登记日。股权登记日与会议日期之间的间隔不得多于 7 个交易日，且应当晚于公告的披露时间。股权登记日一旦确定，不得变更。

4.1.7 上市公司应当在年度股东大会召开 20 日前或者临时股东大会召开 15 日前，以临时报告方式向股东发出股东大会通知。

4.1.8 单独或者合计持有公司 3% 以上股份的股东可以在股东大会召开 10 日前提出临时提案并书面提交召集人；召集人应当在收到提案后 2 日内发出股东大会补充通知，并将该临时提案提交股东大会审议。

除前款规定外，在发出股东大会通知后，召集人不得修改或者增加新的提案。股东大会不得对股东大会通知中未列明或者不符合法律法规和公司章程规定的提案进行表决并作出决议。

股东大会通知和补充通知中应当充分、完整地披露提案的具体内容，以及为使股东对拟讨论事项做出合理判断所需的全部资料或解释。

4.1.9 股东大会通知发出后，无正当理由，不得延期或者取消，股东大会通知中列明的提案不得取消。确需延期或者取消的，公司应当在股东大会原定召开日前至少 2 个交易日公告，并说明延期或者取消的具体原因；延期召开的，应当在公告中说明延期后的召开日期。

4.1.10 上市公司股东大会应当设置会场，以现场会议方式召开。现场会议时间、地点的选择应当便于股东参加。上市公司应当保证股东大会会议合法、有效，为股东参加会议提供便利。股东大会应当给予每个提案合理的讨论时间。

上市公司召开股东大会，应当提供网络投票方式。股东通过网络投票方式参加股东大会的，视为出席。

4.1.11　股东大会由董事长主持。董事长不能履行职务或者不履行职务时，由副董事长主持；副董事长不能履行职务或者不履行职务时，由半数以上董事共同推举 1 名董事主持。

监事会自行召集的股东大会，由监事会主席主持。监事会主席不能履行职务或者不履行职务时，由监事会副主席主持；监事会副主席不能履行职务或不履行职务时，由半数以上监事共同推举 1 名监事主持。

股东依法自行召集的股东大会，由召集人推选代表主持。

4.1.12　股东以其有表决权的股份数额行使表决权，所持每一股份享有一表决权，法律法规另有规定的除外。

上市公司持有的本公司股份没有表决权，且该部分股份不计入出席股东大会有表决权的股份总数。

上市公司控股子公司不得取得该上市公司的股份。确因特殊原因持有股份的，应当在 1 年内依法消除该情形。前述情形消除前，相关子公司不得行使所持股份对应的表决权，且该部分股份不计入出席股东大会有表决权的股份总数。

4.1.13　股东与股东大会拟审议事项有关联关系的，应当回避表决，其所持有表决权的股份不计入出席股东大会有表决权的股份总数。

4.1.14　股东可以本人投票或者依法委托他人投票。股东依法委托他人投票的，上市公司不得拒绝。

4.1.15　上市公司董事会、独立董事、持有 1% 以上有表决权股份的股东或者《证券法》规定的投资者保护机构可以向公司股东征集其在股东大会上的投票权。征集投票权应当向被征集人充分披露具体投票意向等信息，且不得以有偿或者变相有偿的方式进行。

上市公司可以在公司章程中规定征集投票权制度，但是不得对征集投票权设定不适当障碍而损害股东的合法权益。

4.1.16　股东大会选举董事、监事时，应当充分反映中小股东意见。鼓励上市公司股东大会在董事、监事选举中推行累积投票制。上市公司单一股东及其一致行动人拥有权益的股份比例在 30% 及以上的，股东大会在董事、监事选举中应当推行累积投票制。采用累积投票制的公司应当在公司章程中规定具体实施办法。

4.1.17　除累积投票制外，股东大会对所有提案应当逐项表决。对同一事项有不同提案的，应当按照提案的时间顺序进行表决，股东在股东大会上不得对同一事项不同的提案同时投同意票。

除因不可抗力等特殊原因导致股东大会中止或不能作出决议外，股东大会不得对提案进行搁置或不予表决。

4.1.18　上市公司股东大会审议下列影响中小股东利益的重大事项时，对中小股东的表决情况应当单独计票并披露：

（一）任免董事；

（二）制定、修改利润分配政策，或者审议权益分派事项；

（三）关联交易、提供担保（不含对控股子公司提供担保）、提供财务资助、变更募集资金用途等；

（四）重大资产重组、股权激励、员工持股计划；

（五）公开发行股票、向境内其他证券交易所申请股票转板（以下简称申请转板）或向境外其他证券交易所申请股票上市；

（六）法律法规、本所业务规则及公司章程规定的其他事项。

4.1.19 上市公司召开股东大会，应当聘请律师对股东大会的召集、召开程序、出席会议人员的资格、召集人资格、表决程序和结果等事项是否合法有效出具法律意见书。

4.1.20 上市公司在股东大会上不得披露、泄露未公开的可能对公司股票交易价格、投资者投资决策产生较大影响的信息（以下简称重大信息），会议结束后应当及时披露股东大会决议公告，并在股东大会决议公告中披露法律意见书的结论性意见。

股东大会决议涉及本规则规定的重大事项，且股东大会审议未通过相关议案的，上市公司应当就该议案涉及的事项，以临时报告的形式披露事项未审议通过的原因及相关具体安排。

4.1.21 股东大会会议记录由董事会秘书负责。出席会议的董事、董事会秘书、召集人或者其代表、会议主持人应当在会议记录上签名，并保证会议记录真实、准确、完整。会议记录应当与现场出席股东的签名册和代理出席的授权委托书、网络及其他方式有效表决资料一并保存。

4.1.22 董事会的人数及人员构成应当符合法律法规、本所业务规则和公司章程的要求。董事会成员应当具备履行职责所必需的知识、技能和素质。

上市公司应当设立独立董事，独立董事的人数应当符合中国证监会相关规定，其中1名应当为会计专业人士。独立董事的管理及任职资格等事宜由本所另行规定。

董事会可以根据需要设立审计、战略、提名、薪酬与考核等相关专门委员会。专门委员会对董事会负责，依照公司章程和董事会授权履行职责。专门委员会的组成、职责等应当在公司章程中规定。

4.1.23 董事会对股东大会负责，执行股东大会的决议。董事会应当依法履行职责，确保上市公司遵守法律法规、本所业务规则和公司章程的规定，公平对待所有股东，并关注其他利益相关者的合法权益。

上市公司应当保障董事会依照法律法规、本所业务规则和公司章程的规定行使职权，为董事正常履行职责提供必要的条件。

4.1.24 上市公司应当建立健全内部控制制度，公司董事会负责内部控制制度的有效实施。

上市公司应当加强对控股子公司的管理控制，制定对控股子公司的控制政策及程序，并督促其充分结合自身业务特征等因素建立内部控制制度。

4.1.25 董事会授权董事长在董事会闭会期间行使董事会部分职权的，上市公司应当在公司章程中明确规定授权的原则和具体内容。

上市公司重大事项应当由董事会集体决策，董事会不得将法定职权授予个别董事或者他人行使。

4.1.26 上市公司应当严格依照法律法规、本所业务规则和公司章程的规定召开董事会，规范董事会议事方式和决策程序。

董事会每年度至少召开 2 次会议，每次会议应当于会议召开 10 日前通知全体董事和监事；董事会召开临时会议，应当按照公司章程的规定发出会议通知。董事会会议议题应当事先拟定，并提供足够的决策材料。2 名及以上独立董事认为资料不完整或者论证不充分的，可以联名书面向董事会提出延期召开会议或者延期审议该事项，董事会应当采纳，上市公司应当及时披露。

4.1.27 董事与董事会会议决议事项有关联关系的，应当回避表决，不得对该项决议行使表决权，也不得代理其他董事行使表决权。该董事会会议由过半数的无关联关系董事出席即可举行，董事会会议所作决议须经无关联关系董事过半数通过。出席董事会的无关联关系董事人数不足 3 人的，应将该事项提交上市公司股东大会审议。

4.1.28 董事会会议记录应当真实、准确、完整。出席会议的董事、董事会秘书和记录人应当在会议记录上签名。董事会会议记录应当妥善保存。

4.1.29 董事会决议涉及须经股东大会表决事项的，公司应当及时披露董事会决议公告，并在公告中简要说明议案内容。

董事会决议涉及本规则规定的应当披露的重大信息，公司应当在会议结束后及时披露董事会决议公告和相关公告。

4.1.30 监事会的人员和结构应当确保监事会能够独立有效地履行职责。监事应当具有相应的专业知识或者工作经验，具备有效的履职能力。

4.1.31 监事会应当了解公司经营情况，检查公司财务，监督董事、高级管理人员履职的合法合规性，行使公司章程规定的其他职权，维护上市公司及股东的合法权益。监事会可以独立聘请中介机构提供专业意见。

4.1.32 监事会发现董事、高级管理人员违反法律法规、本所业务规则或者公司章程的，应当履行监督职责，向董事会通报或者向股东大会报告，也可以直接向本所报告。

4.1.33 上市公司应当严格依照法律法规、本所业务规则和公司章程的规定召开监事会，规范监事会的议事方式和决策程序。

监事会每6个月至少召开1次会议，临时会议可以根据监事的提议召开。监事会应当按照公司章程的规定发出会议通知。监事会会议议题应当事先拟定，并提供相应的决策材料。

4.1.34 监事会可以要求董事、高级管理人员、内部及外部审计人员等列席监事会会议，回答所关注的问题。

4.1.35 上市公司监事会决议涉及本规则规定的应当披露的重大信息，公司应当在会议结束后及时披露监事会决议公告和相关公告。

4.1.36 监事会会议记录应当真实、准确、完整。出席会议的监事、记录人应当在会议记录上签名。监事会会议记录应当妥善保存。

4.1.37 本所要求提供经参会董事签字确认的董事会决议（包括所有提案均被否决的董事会决议）、经参会监事签字确认的监事会决议，或者董事会、监事会和股东大会会议记录等资料的，上市公司应当按要求提供。

4.1.38 股东大会、董事会或者监事会不能正常召开，或者决议效力存在争议的，上市公司应当及时披露相关事项、争议各方的主张、公司现状等有助于投资者了解公司实际情况的信息。

出现前款情形的，上市公司董事会应当维护公司正常生产经营秩序，保护公司及全体股东利益，公平对待所有股东。

第二节　董事、监事和高级管理人员

4.2.1 上市公司应当在公司章程中载明董事、监事、高级管理人员的提名、选聘程序，规范董事、监事、高级管理人员选聘行为。职工监事依照法律法规、本所业务规则和公司章程选举产生。

上市公司董事、高级管理人员不得兼任监事。

4.2.2 董事、监事、高级管理人员候选人的任职资格应当符合法律法规、本所业务规则和公司章程等规定。

上市公司应当在公司章程中明确，存在下列情形之一的，不得担任公司董事、监事或者高级管理人员：

（一）《公司法》规定不得担任董事、监事和高级管理人员的情形；

（二）被中国证监会及其派出机构采取证券市场禁入措施或者认定为不适当人选，期限尚未届满；

（三）被证券交易所或者全国股转公司认定其不适合担任公司董事、监事、高级管理人员，期限尚未届满；

（四）中国证监会和本所规定的其他情形。

财务负责人作为高级管理人员，除符合前款规定外，还应当具备会计师以上专业技术职务资格，或者具有会计专业知识背景并从事会计工作 3 年以上。

4.2.3 上市公司董事会中兼任高级管理人员的董事和由职工代表担任的董事，人数总计不得超过公司董事总数的 1/2。

上市公司董事、高级管理人员的配偶、父母和子女在公司董事、高级管理人员任职期间不得担任公司监事。

4.2.4 董事、监事和高级管理人员候选人存在下列情形之一的，上市公司应当披露该候选人具体情形、拟聘请该候选人的原因以及是否影响公司规范运作，并提示相关风险：

（一）最近 3 年内受到中国证监会及其派出机构行政处罚；

（二）最近 3 年内受到证券交易所或者全国股转公司公开谴责或者 3 次以上通报批评；

（三）因涉嫌犯罪被司法机关立案侦查或者涉嫌违法违规被中国证监会及其派出机构立案调查，尚未有明确结论意见。

上述期间，应当以公司董事会、股东大会等有权机构审议董事、监事和高级管理人员候选人聘任议案的日期为截止日。

4.2.5 董事、监事、高级管理人员候选人被提名后，应当自查是否符合任职资格，及时向公司提供其是否符合任职资格的书面说明和相关资格证明（如适用）。

董事会、监事会应当对候选人的任职资格进行核查，发现候选人不符合任职资格的，应当要求提名人撤销对该候选人的提名，提名人应当撤销。

4.2.6 董事、监事和高级管理人员辞职应当提交书面辞职报告，不得通过辞职等方式规避其应当承担的职责。除下列情形外，董事、监事和高级管理人员的辞职自辞职报告送达董事会或者监事会时生效：

（一）董事、监事辞职导致董事会、监事会成员低于法定最低人数；

（二）职工代表监事辞职导致职工代表监事人数少于监事会成员的 1/3；

（三）董事会秘书辞职未完成工作移交或相关公告未披露。

在上述情形下，辞职报告应当在下任董事、监事填补因其辞职产生的空缺，或者董事会秘书完成工作移交且相关公告披露后方能生效。在辞职报告尚未生效之前，拟辞职董事、监事或者董事会秘书仍应当继续履行职责。发生上述情形的，公司应当在 2 个月内完成董事、监事补选。

4.2.7 上市公司现任董事、监事和高级管理人员发生本规则第 4.2.2 条第二款规定情形的，应当及时向公司主动报告并自事实发生之日起 1 个月内离职。

4.2.8 上市公司应当在上市时向本所报备董事、监事和高级管理人员的任职、职业经历和持有公司股票的情况。

上市公司的董事、监事和高级管理人员发生变化，公司应当自相关决议通过之日起2个交易日内将最新资料向本所报备。

4.2.9 董事、监事和高级管理人员应当遵守公司上市时签署的《董事（监事、高级管理人员）声明及承诺书》。

新任董事、监事应当在股东大会或者职工代表大会通过其任命后1个月内，新任高级管理人员应当在董事会通过其任命后1个月内签署上述承诺书并报备。声明事项发生重大变化的（持有本公司股份情况除外），应当在5个交易日内更新并提交。

4.2.10 董事、监事、高级管理人员应当遵守法律法规、本所业务规则和公司章程，对公司负有忠实义务和勤勉义务，严格履行其作出的公开承诺，不得损害公司利益。

4.2.11 董事应当充分考虑所审议事项的合法合规性、对公司的影响以及存在的风险，审慎履行职责并对所审议事项表示明确的个人意见。对所审议事项有疑问的，应当主动调查或者要求董事会提供决策所需的进一步信息。

董事应当充分关注董事会审议事项的提议程序、决策权限、表决程序等相关事宜。

4.2.12 董事应当亲自出席董事会会议，因故不能出席的，可以书面形式委托其他董事代为出席。涉及表决事项的，委托人应当在委托书中明确对每一事项发表同意、反对或者弃权的意见。董事不得作出或者接受无表决意向的委托、全权委托或者授权范围不明确的委托。董事对表决事项的责任不因委托其他董事出席而免责。

1名董事不得在1次董事会会议上接受超过2名董事的委托代为出席会议。独立董事不得委托非独立董事代为投票。

4.2.13 上市公司董事在审议定期报告时，应当认真阅读定期报告全文，重点关注定期报告内容是否真实、准确、完整，是否存在重大编制错误或者遗漏，主要会计数据和财务指标是否发生大幅波动及波动原因的解释是否合理，是否存在异常情况，是否全面分析了公司报告期财务状况与经营成果，并且充分披露了可能影响公司未来财务状况与经营成果的重大事项和不确定性因素等。

4.2.14 董事长应当积极推动公司制定、完善和执行各项内部制度。

董事长不得从事超越其职权范围的行为。董事长在其职权范围（包括授权）内行使权力时，遇到对公司经营可能产生重大影响的事项时，应当审慎决策，必要时应当提交董事会集体决策。对于授权事项的执行情况，董事长应当及时告知全体董事。

董事长应当保证董事会秘书的知情权，不得以任何形式阻挠其依法行使职权。董事长在接到重大事件的报告后，应当立即敦促董事会秘书及时履行信息披露义务。

4.2.15 上市公司的董事出现下列情形之一的，应当作出书面说明并对外披露：

（一）连续2次未亲自出席董事会会议；

（二）任职期内连续12个月未亲自出席董事会会议次数超过期间董事会会议总次数的

1/2。

董事连续2次未能出席，也不委托其他董事出席董事会会议，视为不能履行职责，董事会应当建议股东大会予以更换。

4.2.16 监事可以列席董事会会议，并对董事会决议事项提出质询或者建议。

监事有权了解公司经营情况。上市公司应当采取措施保障监事的知情权，为监事正常履行职责提供必要的协助，任何人不得干预、阻挠。监事履行职责所需的有关费用由公司承担。

4.2.17 监事应当对公司董事、高级管理人员遵守法律法规、本所业务规则和公司章程以及执行公司职务的行为进行监督。

监事在履行监督职责过程中，对违反法律法规、公司章程或者股东大会决议的董事、高级管理人员可以提出罢免的建议。

监事发现董事、高级管理人员及公司存在违反法律法规、本所业务规则、公司章程或者股东大会决议的行为，已经或者可能给公司造成重大损失的，应当及时向董事会、监事会报告，提请董事会及高级管理人员予以纠正。

4.2.18 高级管理人员应当严格执行董事会决议、股东大会决议等，不得擅自变更、拒绝或者消极执行相关决议。

4.2.19 财务负责人应当积极督促公司制定、完善和执行财务管理制度，重点关注资金往来的规范性。

4.2.20 经理由董事会决定聘任或者解聘。经理对董事会负责，主持公司的生产经营工作，组织实施董事会决议，依照法律法规、本所业务规则和公司章程的规定履行职责。

4.2.21 上市公司应当设董事会秘书，董事会秘书为公司的高级管理人员，负责信息披露事务、股东大会和董事会会议的筹备、投资者关系管理、股东资料管理等工作。上市公司应当为董事会秘书履行职责提供便利条件。

董事会秘书为履行职责有权了解公司的财务和经营情况，参加相关会议，查阅有关文件，并要求公司有关部门和人员及时提供相关资料和信息。董事、监事、财务负责人及其他高级管理人员和公司相关人员应当支持、配合董事会秘书的工作。董事会秘书在履行职责过程中受到不当妨碍或者严重阻挠时，可以向本所报告。

4.2.22 董事会秘书应当具备履行职责所必需的财务、管理、法律专业知识及相关工作经验，具有良好的职业道德和个人品德，且不存在本规则第4.2.2条第二款规定情形，或者为公司现任监事。

上市公司应当在董事会正式聘任、解聘董事会秘书或者董事会秘书辞职的2个交易日内发布公告，并向本所报备。

4.2.23 上市公司解聘董事会秘书应当有充分的理由，不得无故解聘。

董事会秘书有下列情形之一的，上市公司应当自该事实发生之日起 1 个月内解聘董事会秘书：

（一）出现本规则第 4. 2. 22 条第一款规定不得担任董事会秘书情形的；

（二）连续 3 个月以上不能履行职责的；

（三）违反法律法规、本所业务规则、公司章程，给上市公司或者股东造成重大损失的。

上市公司应当在原任董事会秘书离职 3 个月内聘任董事会秘书。董事会秘书空缺期间，董事会应当指定 1 名董事或者高级管理人员代行董事会秘书职责，并及时公告，同时向本所报备。公司指定代行人员之前，由董事长代行董事会秘书职责。

4. 2. 24 董事、监事、高级管理人员执行职务时违反法律法规、公司章程或股东大会决议，给上市公司造成严重损失的，应当依法承担赔偿责任，存在法定免责事由的除外。

第三节 股东、控股股东及实际控制人

4. 3. 1 股东依照法律法规和公司章程享有权利并承担义务。

上市公司章程、股东大会决议或者董事会决议等不得剥夺或者限制股东的法定权利。

4. 3. 2 上市公司应当建立与股东畅通有效的沟通渠道，保障股东对公司重大事项的知情权、参与决策和监督等权利。

4. 3. 3 上市公司应当制定利润分配制度，并可以对现金分红的具体条件和比例、未分配利润的使用原则等作出具体规定，保障股东的分红权。

上市公司应当根据实际情况在公司章程中明确一定比例的现金分红相对于股票股利在利润分配方式中的优先顺序。

4. 3. 4 上市公司控股股东、实际控制人应当采取切实措施保证公司资产独立、人员独立、财务独立、机构独立和业务独立，不得通过任何方式影响公司的独立性。

4. 3. 5 控股股东、实际控制人对上市公司及其他股东负有诚信义务，应当依法行使股东权利，履行股东义务。控股股东、实际控制人不得利用其控制权损害上市公司及其他股东的合法权益，不得利用控制地位谋取非法利益。

控股股东、实际控制人不得违反法律法规、本所业务规则和公司章程干预上市公司的正常决策程序，损害上市公司及其他股东的合法权益，不得对股东大会人事选举结果和董事会人事聘任决议设置批准程序，不得干预高级管理人员正常选聘程序，不得越过股东大会、董事会直接任免高级管理人员。

4. 3. 6 上市公司控股股东、实际控制人不得通过直接调阅、要求上市公司向其报告等方式获取公司未公开的重大信息，法律法规另有规定的除外。

4. 3. 7 上市公司控股股东、实际控制人及其关联方不得以下列任何方式占用公司资金：

（一）公司为控股股东、实际控制人及其关联方垫付工资、福利、保险、广告等费用和其他支出；

（二）公司代控股股东、实际控制人及其关联方偿还债务；

（三）有偿或者无偿、直接或者间接地从公司拆借资金给控股股东、实际控制人及其关联方；

（四）不及时偿还公司承担控股股东、实际控制人及其关联方的担保责任而形成的债务；

（五）公司在没有商品或者劳务对价情况下提供给控股股东、实际控制人及其关联方使用资金；

（六）中国证监会、本所认定的其他形式的占用资金情形。

4.3.8 控股股东、实际控制人及其控制的企业不得在公司上市后新增影响公司独立持续经营的同业竞争。

4.3.9 上市公司股东、实际控制人及其他知情人员在相关信息披露前负有保密义务，不得利用公司未公开的重大信息谋取利益，不得进行内幕交易、操纵市场或者其他违法违规活动。

4.3.10 通过接受委托或者信托等方式持有或实际控制的上市公司股份达到5%以上的股东或者实际控制人，应当及时将委托人或信托方情况告知上市公司，配合公司履行信息披露义务。

投资者不得通过委托他人持股等方式规避投资者适当性管理要求。

4.3.11 上市公司无控股股东、实际控制人的，公司第一大股东及其实际控制人应当比照本节关于控股股东、实际控制人的要求履行相关义务，并承担相应的责任。

第四节 表决权差异安排

4.4.1 存在特别表决权股份的上市公司，应当规范履行持续信息披露义务，完善公司治理，保护投资者合法权益。

特别表决权股东不得滥用其享有的特别表决权损害上市公司或者其他股东的利益。

上市前不具有表决权差异安排的公司，不得在上市后以任何方式设置此类安排。

4.4.2 特别表决权仅适用于公司章程约定的股东大会特定决议事项。除约定事项外，特别表决权股东与持有普通股份的股东享有的权利完全相同。

涉及权益变动等事项的，特别表决权股东持股比例以其拥有权益的股份数（包括登记在其名下的股份和虽未登记在其名下但该投资者可以实际支配表决权的股份）计算。

4.4.3 存在特别表决权股份的上市公司，除同比例配送股、转增股本方式外，不得在境内外新发行特别表决权股份，不得提高特别表决权比例。

由于股份回购、减少注册资本等原因，可能导致特别表决权比例提高的，公司应当同时采取将相应数量特别表决权股份转换为普通股份等措施，保证特别表决权比例不高于原有水平。

4.4.4 特别表决权股份不得进行交易，本所业务规则另有规定的除外。

4.4.5 上市公司股东大会对下列事项进行决议时，每一特别表决权股份享有的表决权数量应当与每一普通股份的表决权数量相同：

（一）修改公司章程中与表决权差异安排相关的内容；

（二）合并、分立、解散或者变更公司形式；

（三）选举和更换非由职工代表担任的监事；

（四）决定非由职工代表担任的董事、监事的报酬事项；

（五）选举或罢免独立董事；

（六）聘请或解聘为上市公司定期报告出具审计意见的会计师事务所；

（七）股票从本所退市；

（八）公司章程规定的其他事项。

4.4.6 特别表决权股东可以申请将特别表决权股份按照1:1的比例转换为普通股。

4.4.7 出现下列情形之一的，特别表决权股份应当按照1:1的比例转换为普通股：

（一）特别表决权股东丧失相应履职能力、离任或者死亡；

（二）特别表决权股份因司法裁决、离婚、继承等原因需要办理过户；

（三）特别表决权股东以协议转让方式向他人转让所持有的特别表决权股份；

（四）表决权差异安排的实施期限届满或者失效事由发生；

（五）特别表决权股东不再符合设置表决权差异安排时有关规则规定的资格和最低持股要求；

（六）上市公司实际控制人发生变更；

（七）上市公司股东大会做出取消表决权差异安排的决议，或者上市公司不再符合设置表决权差异安排时有关规则规定的行业要求。

发生前款第四、六、七项情形的，上市公司全部特别表决权股份均应当转换为普通股份。

发生本条所述情形的，自相关情形发生时即应当申请办理特别表决权股份的转换，相关股东应当立即通知上市公司，上市公司应当及时披露具体情形、发生时间、转换为普通股份的特别表决权股份数量、剩余特别表决权股份数量等情况。

4.4.8 上市公司应当保证普通表决权比例不低于10%。

单独或者合计持有公司10%以上已发行有表决权股份的股东有权提议召开临时股东大会；单独或者合计持有公司3%以上已发行有表决权股份的股东有权提出股东大会议案。股东大会决议时应对普通股东的表决票予以单独计票并披露。

4.4.9　监事会、独立董事应当在年度报告、中期报告中，就下列事项出具专项意见：

（一）特别表决权股东是否持续符合设置表决权差异安排时有关规则规定的资格要求；

（二）特别表决权股份是否出现本规则第4.4.7条规定的情形并及时转换为普通股份；

（三）上市公司特别表决权比例是否持续符合其设置所依据的有关规则规定；

（四）特别表决权股东是否存在滥用特别表决权或者其他损害投资者合法权益的情形；

（五）公司及特别表决权股东遵守本规则其他关于表决权差异安排规定的情况。

4.4.10　保荐机构等中介机构在为上市公司提供服务的过程中发现特别表决权股东直接或者间接占用公司资金、资产以及利用控制地位损害其他股东权益等情形的，应当及时告知上市公司，并向本所报告。

4.4.11　存在特别表决权股份的上市公司应当在年度报告、中期报告中披露表决权差异安排的运行情况、特别表决权股份的变动情况以及投资者保护措施的落实情况等。

上市公司表决权差异安排的变更，应当按照设置表决权差异安排时有关规则规定履行相应程序并披露，变更后的安排应当符合设置时的规定。上市公司应当聘请律师事务所出具专项意见。

表决权差异安排运行中出现重大变化的，上市公司及相关信息披露义务人应当及时披露。

4.4.12　上市公司应当在年度股东大会向股东说明表决权差异安排的运行情况、公司生产经营状况等，回应股东质询。

4.4.13　特别表决权股份的登记和转换事宜，应当按照本所和证券登记结算机构的相关规定办理。

第五节　承诺事项管理

4.5.1　上市公司及其股东、实际控制人、关联方、收购人（以下简称承诺人）做出的公开承诺应当具体、明确、无歧义、具有可操作性，并符合法律法规和本所业务规则的要求。

上市公司应当及时将承诺人的承诺事项单独在规定信息披露平台的专区披露。

4.5.2　公开承诺应当包括以下内容：

（一）承诺的具体事项；

（二）履约方式、履约时限、履约能力分析、履约风险及防范对策、不能履约时的责任；

（三）履约担保安排，包括担保人、担保人资质、担保方式、担保协议（函）主要条款、担保责任等（如有）；

（四）违约责任和声明；

（五）中国证监会、本所要求的其他内容。

承诺事项应当有明确的履约时限，不得使用“尽快”“时机成熟”等模糊性词语；承诺履行涉及行业政策限制的，应当在政策允许的基础上明确履约时限。

4.5.3 承诺人做出承诺后，应当诚实守信，严格按照承诺内容履行承诺，不得无故变更承诺内容或者不履行承诺。

当承诺履行条件即将达到或者已经达到时，承诺人应当及时通知公司，并履行承诺和信息披露义务。

4.5.4 因相关法律法规、政策变化、自然灾害等自身无法控制的客观原因导致承诺无法履行或者无法按期履行的，承诺人应当及时通知公司并披露相关信息。

4.5.5 除因相关法律法规、政策变化、自然灾害等自身无法控制的客观原因及本所另有要求外，承诺已无法履行或者履行承诺不利于维护公司权益的，承诺人应当充分披露原因，并向公司或者其他股东提出用新承诺替代原有承诺或者提出豁免履行承诺义务。

上述变更方案应当提交股东大会审议，承诺人及其关联方应当回避表决。变更方案未经股东大会审议通过且承诺到期的，视为未履行承诺。独立董事、监事会应当就承诺相关方提出的变更方案是否合法合规、是否有利于保护上市公司或者投资者利益发表意见。

4.5.6 上市公司被收购时，如原实际控制人承诺的相关事项未履行完毕，相关承诺义务应予以履行或由收购人予以承接，相关事项应当在收购相关信息披露文件中予以披露。

第六节　投资者关系

4.6.1 上市公司投资者关系管理工作应当体现公平、公正、公开原则。上市公司应当在投资者关系管理工作中，客观、真实、准确、完整地介绍和反映公司的实际状况，避免过度宣传可能给投资者决策造成误导。

上市公司应当积极做好投资者关系管理工作，及时回应投资者的意见建议，做好投资者咨询解释工作。

4.6.2 上市公司投资者关系管理工作应当严格遵守有关法律法规和本所业务规则的要求，不得在投资者关系活动中以任何方式发布或者泄露未公开重大信息。

上市公司在投资者关系活动中泄露未公开重大信息的，应当立即通过规定信息披露平台发布公告，并采取其他必要措施。

4.6.3 上市公司应当在公司章程中明确投资者与公司之间的纠纷解决机制。上市公司与投资者之间发生的纠纷，可以自行协商解决、提交证券期货纠纷专业调解机构进行调解、向仲裁机构申请仲裁或者向人民法院提起诉讼。

4.6.4 上市公司应当建立投资者关系管理制度，指定专人负责开展投资者关系管理活动。投资者关系管理的负责人可以由董事会秘书担任。

4.6.5 上市公司开展投资者关系管理活动，应当平等对待全体投资者，避免出现选择性信息披露。上市公司向特定对象提供已披露信息等相关资料的，如其他投资者也提出相同的要求，公司应当予以提供。

4.6.6　上市公司应当加强与中小投资者的沟通和交流，建立与投资者沟通的有效渠道。公司应当在不晚于年度股东大会召开之日举办年度报告说明会，公司董事长（或者经理）、财务负责人、董事会秘书、保荐代表人（如有）应当出席说明会，会议包括下列内容：

（一）公司所处行业的状况、发展前景、存在的风险；

（二）公司发展战略、生产经营、募集资金使用、新产品和新技术开发；

（三）公司财务状况和经营业绩及其变化趋势；

（四）公司在业务、市场营销、技术、财务、募集资金用途及发展前景等方面存在的困难、障碍、或有损失；

（五）投资者关心的其他内容。

公司应当至少提前2个交易日发布召开年度报告说明会的通知，公告内容应当包括日期及时间、召开方式（现场或网络）、召开地点或者网址、公司出席人员名单等。

4.6.7　上市公司进行投资者关系活动应当建立完备的投资者关系管理档案制度，投资者关系管理档案至少应当包括下列内容：

（一）投资者关系活动参与人员、时间、地点；

（二）投资者关系活动的交流内容；

（三）未公开重大信息泄密的处理过程及责任追究情况（如有）；

（四）其他内容。

4.6.8　上市公司开展业绩说明会、分析师会议、路演等投资者关系活动，应当编制投资者关系活动记录，在活动结束后，活动记录应当及时披露或以本所规定的其他方式公开。

第七节　社会责任

4.7.1　上市公司应当积极承担社会责任，维护公共利益，保障生产及产品安全、维护员工与其他利益相关者合法权益。

4.7.2　上市公司应当根据自身生产经营模式，遵守产品安全法律法规和行业标准，建立安全可靠的生产环境和生产流程，切实承担生产及产品安全保障责任。

4.7.3　上市公司应当积极践行绿色发展理念，将生态环保要求融入发展战略和公司治理过程，并根据自身生产经营特点和实际情况，承担环境保护责任。

4.7.4　上市公司应当严格遵守科学伦理规范，尊重科学精神，恪守应有的价值观念、社会责任和行为规范，弘扬科学技术的正面效应。

上市公司在生命科学、人工智能、信息技术、生态环境、新材料等科技创新领域，避免研究、开发和使用危害自然环境、生命健康、公共安全、伦理道德的科学技术，不得以侵犯个人基本权利或者损害社会公共利益等方式从事研发和经营活动。

第五章 信息披露一般规定

第一节 信息披露基本原则

5.1.1 上市公司及相关信息披露义务人应当及时、公平地披露所有可能对公司股票交易价格、投资者投资决策产生较大影响的信息，并保证信息披露内容的真实、准确、完整，不存在虚假记载、误导性陈述或重大遗漏。

5.1.2 上市公司的董事、监事、高级管理人员应当忠实、勤勉地履行职责，保证公司及时、公平地披露信息，所披露的信息真实、准确、完整。

5.1.3 保荐机构、会计师事务所、律师事务所、其他证券服务机构及其从业人员根据本所业务规则的规定，对所出具文件的真实性、准确性、完整性负责。

5.1.4 上市公司及相关信息披露义务人披露的信息应当以客观事实或者具有事实基础的判断和意见为基础，如实反映客观情况，不得有虚假记载和不实陈述。

5.1.5 上市公司及相关信息披露义务人披露的信息应当使用明确、贴切的语言和简明扼要、通俗易懂的文字，内容应易于理解，不得含有任何宣传、广告、恭维或者夸大等性质的词句，不得有误导性陈述。

公司披露预测性信息及其他涉及公司未来经营和财务状况等信息时，应当合理、谨慎、客观，并充分披露相关信息所涉及的风险因素，以明确的警示性文字提示投资者可能出现的风险和不确定性。

5.1.6 上市公司及相关信息披露义务人披露的信息应当内容完整、文件齐备，格式符合规定要求，不得有重大遗漏。

5.1.7 上市公司及相关信息披露义务人应当在本规则规定的期限内披露重大信息。

5.1.8 上市公司及相关信息披露义务人应当同时向所有投资者公开披露重大信息，确保所有投资者可以平等地获取同一信息，不得实行差别对待政策，不得提前向特定对象单独披露、透露或者泄露未公开的重大信息。

上市公司向股东、实际控制人及其他第三方报送文件，涉及尚未公开的重大信息的，应当按照本规则予以披露。

第二节 信息披露一般要求

5.2.1 上市公司及相关信息披露义务人披露的信息包括定期报告和临时报告。

5.2.2 发生可能对公司股票交易价格、投资者投资决策产生较大影响的重大事件，上市公司及相关信息披露义务人应当及时披露临时报告。

除监事会公告外，临时报告应当加盖董事会公章并由公司董事会发布。

5.2.3 上市公司及相关信息披露义务人按照本所业务规则披露的信息，应当在规定信息披露平台发布。上市公司在其他媒体披露信息的时间不得早于在规定信息披露平台披露的时间。

上市公司同时有证券在境外证券交易所上市的，其在境外证券交易所披露的信息应当在规定信息披露平台同时披露。

5.2.4 上市公司应当在重大事件最先触及下列任一时点后，及时履行首次披露义务：

（一）董事会或者监事会作出决议时；

（二）有关各方签署意向书或协议时；

（三）董事、监事或者高级管理人员知悉或者应当知悉该重大事件发生时。

上市公司筹划的重大事项存在较大不确定性，立即披露可能会损害公司利益或者误导投资者，且有关内幕信息知情人已书面承诺保密的，公司可以暂不披露，但最迟应当在该重大事项形成最终决议、签署最终协议、交易确定能够达成时对外披露。

相关信息确实难以保密、已经泄露或者出现市场传闻，导致公司股票交易价格发生大幅波动的，公司应当立即披露相关筹划和进展情况。

5.2.5 上市公司筹划重大事项，持续时间较长的，应当按照重大性原则，分阶段披露进展情况，及时提示相关风险，不得仅以相关事项结果尚不确定为由不予披露。

5.2.6 上市公司和相关信息披露义务人确有需要的，可以在非交易时段对外发布重大信息，但应当在下一交易时段开始前披露相关公告，不得以新闻发布或者答记者问等形式替代信息披露。

5.2.7 上市公司履行首次披露义务时，应当按照本所业务规则披露重大事件的起因、目前的状态和可能产生的法律后果等。编制公告时相关事实尚未发生的，公司应当客观公告既有事实，待相关事实发生后，再按照要求披露重大事件的进展情况。

上市公司已披露的重大事件出现可能对上市公司股票交易价格或投资者决策产生较大影响的进展或者变化的，应当及时披露进展或者变化情况，包括协议执行发生重大变化、被有关部门批准或否决、无法交付过户等。

5.2.8 上市公司控股子公司发生本规则规定的重大事项，视同上市公司的重大事项，适用本规则。

上市公司参股公司发生本规则规定的重大事项，可能对上市公司股票交易价格或投资者决策产生较大影响的，上市公司应当参照本规则履行信息披露义务。

5.2.9 上市公司发生的或者与之有关的事件没有达到本规则规定的披露标准，或者本规则没有具体规定，但公司董事会认为该事件可能对上市公司股票交易价格或投资者决策产生较大影响的，公司应当及时披露。

5.2.10 除依法或者按照本所业务规则需要披露的信息外，上市公司及相关信息披露义务人可以自愿披露与投资者作出价值判断和投资决策有关的信息。

上市公司及相关信息披露义务人进行自愿性信息披露的，应当遵守公平信息披露原则，保持信息披露的完整性、持续性和一致性，避免选择性信息披露，不得与依法披露的信息相冲突，不得误导投资者，不得利用自愿性信息披露从事市场操纵、内幕交易或者其他违法违规行为。已披露的信息发生重大变化，有可能影响投资决策的，应当及时披露进展公告，直至该事项完全结束。

上市公司及相关信息披露义务人自愿披露信息的，在发生类似事件时，应当按照同一标准予以披露。

5.2.11 上市公司及相关信息披露义务人拟披露的信息属于商业秘密、商业敏感信息，按照本规则披露或者履行相关义务可能引致不当竞争、损害公司及投资者利益或者误导投资者的，可以按照本所相关规定暂缓或者豁免披露该信息。

拟披露的信息被依法认定为国家秘密，按本规则披露或者履行相关义务可能导致其违反法律法规或危害国家安全的，可以按照本所相关规定豁免披露。

上市公司和相关信息披露义务人应当审慎确定信息披露暂缓、豁免事项，不得随意扩大暂缓、豁免事项的范围。暂缓披露信息的，相关内幕信息知情人应当书面承诺做好保密；已经泄露的，应当及时披露。

5.2.12 上市公司及相关信息披露义务人适用本所相关信息披露要求，可能导致其难以反映经营活动的实际情况、难以符合行业监管要求等有关规定的，可以向本所申请调整适用，但应充分说明原因和替代方案。

本所认为不应当调整适用的，上市公司及相关信息披露义务人应当执行本所相关规定。

5.2.13 上市公司应当结合所属行业的特点，按照中国证监会和本所相关规定，充分披露行业经营信息，便于投资者合理决策。

5.2.14 上市公司应当充分披露可能对公司核心竞争力、经营活动和未来发展产生重大不利影响的风险因素。

公司尚未盈利的，应当充分披露尚未盈利的成因，以及对公司现金流、业务拓展、人才吸引、团队稳定性、研发投入、战略性投入、生产经营可持续性等方面的影响。

第三节 信息披露监管方式

5.3.1 本所根据有关法律法规、本所业务规则，对上市公司和相关信息披露义务人的信息披露文件进行形式审查，对其内容的真实性不承担责任。

5.3.2 本所对上市公司及相关信息披露义务人的信息披露文件进行审查，发现存在问题的，可以采用要求说明、公开问询等方式，要求上市公司及相关信息披露义务人、保荐机构和其他证券服务机构等相关主体进行解释、说明、更正和补充，相关主体应当及时回复，并保证回复内容的真实、准确、完整。

5.3.3 本所可以根据监管需要调阅、检查工作底稿、证券业务活动记录及相关资料，相关主体应当积极配合。

5.3.4 上市公司董事、监事、高级管理人员应当对公司信息披露的真实性、准确性、完整性、及时性、公平性负责，但有充分证据表明其已经履行勤勉尽责义务的除外。

上市公司董事长、经理、董事会秘书，应当对公司临时报告的真实性、准确性、完整性、及时性、公平性承担主要责任。

上市公司董事长、经理、财务负责人应当对公司财务会计报告的真实性、准确性、完整性、及时性、公平性承担主要责任。

第四节　信息披露事务管理

5.4.1 上市公司应当制定信息披露事务管理制度，经董事会审议并披露。信息披露事务管理制度应当包括：

（一）公司应当披露的信息和披露标准；

（二）未公开信息的传递、审核、披露流程；

（三）董事和董事会、监事和监事会、高级管理人员等在信息披露中的职责；

（四）董事、监事、高级管理人员履行职责的记录和保管制度；

（五）未公开信息的保密措施，内幕信息知情人的范围和保密责任；

（六）财务管理和会计核算的内部控制及监督机制；

（七）对外发布信息的申请、审核、发布流程，与投资者、证券服务机构、媒体等的信息沟通制度；

（八）信息披露相关文件、资料的档案管理；

（九）控股子公司的信息披露事务管理和报告制度；

（十）未按规定披露信息的责任追究机制，对违反规定人员的处理措施。

5.4.2 公司董事长对信息披露事务管理承担首要责任。上市公司董事会秘书负责组织和协调信息披露管理事务，应当积极督促公司制定、完善和执行信息披露事务管理制度，做好相关信息披露工作。

上市公司董事、监事、高级管理人员应当勤勉尽责，关注信息披露文件的编制情况，保证定期报告、临时报告在规定期限内披露，配合上市公司履行信息披露义务。

5.4.3 上市公司应当制定董事、监事、高级管理人员以及其他相关人员对外发布信息的内部规范，明确发布程序、方式和未经董事会许可不得对外发布的事项等。

5.4.4 上市公司和相关信息披露义务人通过业绩说明会、分析师会议、路演、接受投资者调研等形式，与任何机构和个人进行沟通时，不得提供公司尚未公开的重大信息。

5.4.5 上市公司及相关信息披露义务人应当密切关注媒体关于公司的报道，以及公司股票交易情况，及时向相关主体了解事实情况。

5.4.6 上市公司股东、实际控制人、收购人等相关信息披露义务人应当严格履行信息披露义务，及时告知上市公司控制权变更、权益变动和其他重大事项，主动配合公司履行信息披露义务，并保证披露的信息真实、准确、完整，不得有虚假记载、误导性陈述或者重大遗漏，不得要求或者协助公司隐瞒重要信息。

相关信息披露义务人通过上市公司披露信息的，上市公司应当予以协助。

5.4.7 上市公司及相关信息披露义务人应当配合为其提供服务的中介机构的工作，按要求提供与其执业相关的材料，不得要求中介机构出具与客观事实不符的文件或阻碍其工作。

上市公司在经营状况、公司治理、财务等方面发生重大变化的，应当及时告知保荐机构，并履行信息披露义务。

5.4.8 上市公司应当建立内幕信息管理制度。上市公司及其董事、监事、高级管理人员和其他内幕信息知情人在信息披露前，应当将内幕信息知情人控制在最小范围。

内幕信息知情人在内幕信息公开前，不得买卖公司股票、泄露内幕信息或者建议他人买卖公司股票。

5.4.9 上市公司应当按照中国证监会和本所相关规定，对内幕信息知情人进行登记管理，在披露以下重大事项时，应当按照本所相关规定报备内幕信息知情人档案：

（一）年度报告、中期报告；

（二）证券发行；

（三）股份回购；

（四）重大资产重组；

（五）公司被收购；

（六）公司合并、分立；

（七）申请转板或向境外其他证券交易所申请股票上市；

（八）中国证监会和本所规定其他重大事项。

公司披露重大事项后，相关事项发生重大变化的，应当及时向本所补充报送内幕信息知情人档案。

第六章 定期报告

第一节 定期报告编制和披露要求

6.1.1 上市公司应当披露的定期报告包括年度报告、中期报告和季度报告。

6.1.2 上市公司应当按照中国证监会和本所相关规定编制并披露定期报告，并按照《企业会计准则》的要求编制财务报告。

上市公司应当按照中国证监会和本所行业信息披露相关规定的要求在年度报告中披露相应信息。

6.1.3 上市公司应当在规定的期限内编制并披露定期报告，在每个会计年度结束之日起4个月内编制并披露年度报告，在每个会计年度的上半年结束之日起2个月内编制并披露中期报告；在每个会计年度前3个月、9个月结束后的1个月内编制并披露季度报告。第一季度报告的披露时间不得早于上一年的年度报告。

公司预计不能在规定期限内披露定期报告的，应当及时向本所报告，并公告不能按期披露的原因、解决方案及延期披露的最后期限。

6.1.4 上市公司应当向本所预约定期报告的披露时间，本所根据预约情况统筹安排。

上市公司应当按照本所安排的时间披露定期报告，因故需要变更披露时间的，根据本所相关规定办理。

6.1.5 上市公司年度报告的财务报告应当经符合《证券法》规定的会计师事务所审计。上市公司不得随意变更会计师事务所，如确需变更的，应当由董事会审议后提交股东大会审议。

上市公司拟实施送股或者以资本公积转增股本的，所依据的中期报告或者季度报告的财务报告应当经符合《证券法》规定的会计师事务所审计。仅实施现金分红的，可免于审计。

6.1.6 上市公司董事会应当编制和审议定期报告，确保公司定期报告按时披露。董事会因故无法对定期报告形成决议的，应当以董事会公告的方式披露具体原因和存在的风险，并披露独立董事意见。

上市公司不得披露未经董事会审议通过的定期报告，董事会已经审议通过的，不得以董事、高级管理人员对定期报告内容有异议为由不按时披露定期报告。

6.1.7 上市公司监事会应当对董事会编制的定期报告进行审核并提出书面审核意见，说明董事会对定期报告的编制和审核程序是否符合法律法规、中国证监会和本所的规定，报告的内容是否能够真实、准确、完整地反映公司实际情况。

6.1.8 上市公司董事、监事、高级管理人员应当对公司定期报告签署书面确认意见。董事、监事、高级管理人员不得以任何理由拒绝对定期报告签署书面意见。

上市公司董事、监事和高级管理人员无法保证定期报告内容的真实性、准确性、完整性或者有异议的，应当在书面确认意见中发表意见并陈述理由，公司应当在定期报告中披露相关情况。公司不予披露的，董事、监事和高级管理人员可以直接申请披露。

6.1.9 上市公司财务会计报告被会计师事务所出具非标准审计意见的，按照中国证监会关于非标准审计意见处理的相关规定，公司在披露定期报告的同时，应当披露下列文件：

（一）董事会对审计意见涉及事项的专项说明和决议；

（二）独立董事对审计意见涉及事项发表的意见；

（三）监事会对董事会专项说明的意见和决议；

（四）会计师事务所和注册会计师出具的专项说明；

（五）中国证监会和本所要求的其他文件。

6.1.10 上市公司财务报告的非标准审计意见涉及事项属于违反会计准则及相关信息披露规范性规定的，上市公司应当对有关事项进行纠正，并及时披露纠正后的财务会计资料和会计师事务所出具的审计报告或专项鉴证报告等有关材料。

6.1.11 上市公司定期报告存在差错或者虚假记载，被有关机构要求改正或者董事会决定更正的，应当在被要求改正或者董事会作出相应决定后，按照中国证监会关于财务信息更正与披露的相关规定及时披露。

第二节　业绩预告和业绩快报

6.2.1 上市公司定期报告披露前出现业绩泄露，或者出现业绩传闻且公司股票交易出现异常波动的，应当及时披露业绩快报。

上市公司预计不能在会计年度结束之日起 2 个月内披露年度报告的，应当在该会计年度结束之日起 2 个月内披露业绩快报。

业绩快报中的财务数据包括但不限于营业收入、净利润、总资产、净资产以及净资产收益率。

6.2.2 上市公司在年度报告披露前，预计上一会计年度净利润发生重大变化的，应当在本所规定的时间内进行业绩预告；预计半年度和季度净利润发生重大变化的，可以进行业绩预告。

业绩预告应当披露净利润的预计值以及重大变化的原因。重大变化的情形包括净利润同比变动超过 50% 且大于 500 万元、发生亏损或者由亏损变为盈利。

6.2.3 上市公司因本规则第 10.3.1 条规定的情形，其股票被实施退市风险警示的，应当在会计年度结束之日起两个月内预告全年营业收入、净利润、扣除非经常性损益后的净利润和净资产。

6.2.4 公司业绩快报、业绩预告中的财务数据与实际数据差异幅度达到 20% 以上的，应当及时披露修正公告，并在修正公告中向投资者致歉、说明差异的原因。

第七章　应披露的交易

第一节　重大交易

7.1.1 本章所称“交易”包括下列事项：

（一）购买或者出售资产；

（二）对外投资（含委托理财、对子公司投资等，设立或者增资全资子公司及购买银行理财产品除外）；

（三）提供担保（即上市公司为他人提供的担保，含对控股子公司的担保）；

（四）提供财务资助；

（五）租入或者租出资产；

（六）签订管理方面的合同（含委托经营、受托经营等）；

（七）赠与或者受赠资产；

（八）债权或者债务重组；

（九）研究与开发项目的转移；

（十）签订许可协议；

（十一）放弃权利；

（十二）中国证监会及本所认定的其他交易。

上述购买或者出售资产，不包括购买原材料、燃料和动力，以及出售产品或者商品等与日常经营相关的交易行为。

7.1.2 上市公司发生的交易（除提供担保、提供财务资助外）达到下列标准之一的，应当及时披露：

（一）交易涉及的资产总额（同时存在账面值和评估值的，以孰高为准）占上市公司最近一期经审计总资产的10%以上；

（二）交易的成交金额占上市公司最近一期经审计净资产的10%以上，且超过1000万元；

（三）交易标的（如股权）最近一个会计年度相关的营业收入占上市公司最近一个会计年度经审计营业收入的10%以上，且超过1000万元；

（四）交易产生的利润占上市公司最近一个会计年度经审计净利润的10%以上，且超过150万元；

（五）交易标的（如股权）最近一个会计年度相关的净利润占上市公司最近一个会计年度经审计净利润的10%以上，且超过150万元。

上述指标计算中涉及的数据如为负值，取其绝对值计算。

7.1.3 上市公司发生的交易（除提供担保、提供财务资助外）达到下列标准之一的，应当提交股东大会审议：

（一）交易涉及的资产总额（同时存在账面值和评估值的，以孰高为准）占上市公司最近一期经审计总资产的50%以上；

（二）交易的成交金额占上市公司最近一期经审计净资产的50%以上，且超过5000万元；

（三）交易标的（如股权）最近一个会计年度相关的营业收入占上市公司最近一个会计年度经审计营业收入的50%以上，且超过5000万元；

（四）交易产生的利润占上市公司最近一个会计年度经审计净利润的50%以上，且超过750万元；

（五）交易标的（如股权）最近一个会计年度相关的净利润占上市公司最近一个会计年度经审计净利润的50%以上，且超过750万元。

上述指标计算中涉及的数据如为负值，取其绝对值计算。

7.1.4 本规则第7.1.2条和第7.1.3条规定的成交金额，是指支付的交易金额和承担的债务及费用等。

交易安排涉及未来可能支付或者收取对价的、未涉及具体金额或者根据设定条件确定金额的，预计最高金额为成交金额。

7.1.5 上市公司与同一交易方同时发生本规则第7.1.1条规定的同一类别且方向相反的交易时，应当按照其中单向金额适用本规则第7.1.2条或者第7.1.3条。

7.1.6 上市公司发生股权交易，导致公司合并报表范围发生变更的，应当以该股权所对应公司的相关财务指标作为计算基础，适用本规则第7.1.2条或者第7.1.3条。

前述股权交易未导致合并报表范围发生变更的，应当按照上市公司所持权益变动比例计算相关财务指标，适用本规则第7.1.2条或者第7.1.3条。

7.1.7 上市公司直接或者间接放弃控股子公司股权的优先受让权或增资权，导致子公司不再纳入合并报表的，应当视为出售股权资产，以该股权所对应公司相关财务指标作为计算基础，适用本规则第7.1.2条或者第7.1.3条。

上市公司部分放弃控股子公司或者参股子公司股权的优先受让权或增资权，未导致合并报表范围发生变更，但是公司持股比例下降，应当按照公司所持权益变动比例计算相关财务指标，适用本规则第7.1.2条或者第7.1.3条。

上市公司对其下属非公司制主体放弃或部分放弃收益权的，参照适用前两款规定。

7.1.8 除提供担保、提供财务资助和委托理财等本所业务规则另有规定事项外，上市公司进行本规则第7.1.1条规定的同一类别且与标的相关的交易时，应当按照连续12个月累计计算的原则，适用本规则第7.1.2条或者第7.1.3条。

已经按照本章规定履行相关义务的，不再纳入相关的累计计算范围。

7.1.9 上市公司提供财务资助，应当以发生额作为成交金额，适用本规则第7.1.2条或者第7.1.3条。

7.1.10 上市公司连续12个月滚动发生委托理财的，以该期间最高余额为成交额，适用本规则第7.1.2条或者第7.1.3条。

7.1.11 上市公司提供担保的，应当提交公司董事会审议并对外披露。董事会审议担保事项时，必须经出席董事会会议的 2/3 以上董事审议同意。

符合以下情形之一的，还应当提交公司股东大会审议：

（一）单笔担保额超过上市公司最近一期经审计净资产 10% 的担保；

（二）上市公司及其控股子公司提供担保的总额，超过上市公司最近一期经审计净资产 50% 以后提供的任何担保；

（三）为资产负债率超过 70% 的担保对象提供的担保；

（四）按照担保金额连续 12 个月累计计算原则，超过上市公司最近一期经审计总资产 30% 的担保；

（五）中国证监会、本所或者公司章程规定的其他担保。

股东大会审议前款第四项担保事项时，必须经出席会议的股东所持表决权的 2/3 以上通过。

7.1.12　上市公司为全资子公司提供担保，或者为控股子公司提供担保且控股子公司其他股东按所享有的权益提供同等比例担保，不损害公司利益的，可以豁免适用本规则第 7.1.11 条第二款第一至三项的规定，但是公司章程另有规定除外。上市公司应当在年度报告和中期报告中汇总披露前述担保。

7.1.13　本规则所称提供财务资助，是指上市公司及其控股子公司有偿或无偿对外提供资金、委托贷款等行为。

上市公司资助对象为控股子公司的，不适用本规则第 7.1.14 条和第 7.1.15 条关于财务资助的规定。

7.1.14　上市公司提供财务资助，应当经出席董事会会议的 2/3 以上董事同意并作出决议，及时履行信息披露义务。

上市公司对外提供财务资助事项属于下列情形之一的，经董事会审议通过后还应当提交公司股东大会审议：

（一）被资助对象最近一期的资产负债率超过 70%；

（二）单次财务资助金额或者连续 12 个月内累计提供财务资助金额超过公司最近一期经审计净资产的 10%；

（三）中国证监会、本所或者公司章程规定的其他情形。

7.1.15　上市公司不得为董事、监事、高级管理人员、控股股东、实际控制人及其控制的企业等关联方提供资金等财务资助。

对外财务资助款项逾期未收回的，上市公司不得对同一对象继续提供财务资助或者追加财务资助。

7.1.16　上市公司单方面获得利益的交易，包括受赠现金资产、获得债务减免、接受担保和资助等，可免于按照本规则第 7.1.2 条或者第 7.1.3 条的规定披露或审议。

7.1.17 交易标的为股权且达到本规则第 7.1.3 条规定标准的，上市公司应当提供交易标的最近一年又一期财务报告的审计报告；交易标的为股权以外的非现金资产的，应当提供评估报告。经审计的财务报告截止日距离审计报告使用日不得超过 6 个月，评估报告的评估基准日距离评估报告使用日不得超过 1 年。

前款规定的审计报告和评估报告应当由符合《证券法》规定的证券服务机构出具。交易虽未达到本规则第 7.1.3 条规定的标准，但是本所认为有必要的，上市公司应当提供审计或者评估报告。

7.1.18 上市公司购买、出售资产交易，涉及资产总额或者成交金额连续 12 个月内累计计算超过上市公司最近一期经审计总资产 30% 的，应当比照本规则第 7.1.17 条的规定提供评估报告或者审计报告，并提交股东大会审议，经出席会议的股东所持表决权的 2/3以上通过。

已按照前款规定履行相关义务的，不再纳入相关的累计计算范围。

7.1.19 上市公司与其控股子公司发生的或者上述控股子公司之间发生的交易，除另有规定或者损害股东合法权益的以外，免于按照本规则第 7.1.2 条或者第 7.1.3 条的规定披露或审议。

未盈利的上市公司可以豁免适用本规则第 7.1.2 条或第 7.1.3 条的净利润指标。

第二节　关联交易

7.2.1 上市公司的关联交易，是指上市公司或者其控股子公司等其他主体与上市公司关联方发生本规则第 7.1.1 条规定的交易和日常经营范围内发生的可能引致资源或者义务转移的事项。

7.2.2 上市公司应当采取有效措施防止关联方以垄断采购或者销售渠道等方式干预公司的经营，损害公司利益。关联交易应当具有商业实质，价格应当公允，原则上不偏离市场独立第三方的价格或者收费标准等交易条件。上市公司及其关联方不得利用关联交易输送利益或者调节利润，不得以任何方式隐瞒关联关系。

上市公司应当与关联方就关联交易签订书面协议。协议的签订应当遵循平等、自愿、等价、有偿的原则，协议内容应当明确、具体、可执行。

7.2.3 上市公司董事、监事、高级管理人员、持股 5% 以上的股东及其一致行动人、实际控制人，应当将与其存在关联关系的关联方情况及时告知上市公司。上市公司应当建立并及时更新关联方名单，确保关联方名单真实、准确、完整。

7.2.4 上市公司应当根据法律法规、本所业务规则在公司章程中规定关联交易的回避表决要求，规范履行审议程序，并在董事会、股东大会决议公告中披露关联交易的表决情况及表决权回避制度的执行情况。

7.2.5 上市公司发生符合以下标准的关联交易（除提供担保外），应当及时披露：

（一）公司与关联自然人发生的成交金额在30万元以上的关联交易；

（二）与关联法人发生的成交金额占公司最近一期经审计总资产0.2%以上的交易，且超过300万元。

7.2.6　上市公司与关联方发生的成交金额（除提供担保外）占公司最近一期经审计总资产2%以上且超过3000万元的交易，应当比照本规则第7.1.17条的规定提供评估报告或者审计报告，提交股东大会审议。与日常经营相关的关联交易可免于审计或者评估。

关联交易事项提交董事会审议前，应当取得独立董事事前认可意见。独立董事事前认可意见应当取得全体独立董事的半数以上同意，并在关联交易公告中披露。

7.2.7　上市公司为关联方提供担保的，应当具备合理的商业逻辑，在董事会审议通过后及时披露，提交股东大会审议。

上市公司为控股股东、实际控制人及其关联方提供担保的，控股股东、实际控制人及其关联方应当提供反担保。

7.2.8　对于每年与关联方发生的日常性关联交易，上市公司可以在披露上一年度报告之前，对本年度将发生的关联交易总金额进行合理预计，根据预计金额分别适用本规则第7.2.5条或者第7.2.6条的规定提交董事会或者股东大会审议。对于预计范围内的关联交易，公司应当在年度报告和中期报告中予以分类，列表披露执行情况并说明交易的公允性。

实际执行超出预计金额的，上市公司应当就超出金额所涉及事项履行相应审议程序并披露。

7.2.9　上市公司应当对下列交易，按照连续12个月内累计计算的原则，分别适用本规则第7.2.5条、第7.2.6条：

（一）与同一关联方进行的交易；

（二）与不同关联方进行交易标的类别相关的交易。

上述同一关联方，包括与该关联方受同一实际控制人控制，或者存在股权控制关系，或者由同一自然人担任董事或高级管理人员的法人或其他组织。

已经按照本章规定履行相关义务的，不再纳入累计计算范围。

7.2.10　上市公司与关联方进行下列关联交易时，可以免予按照关联交易的方式进行审议和披露：

（一）一方以现金方式认购另一方公开发行的股票、公司债券或者企业债券、可转换公司债券或者其他衍生品种；

（二）一方作为承销团成员承销另一方公开发行股票、公司债券或者企业债券、可转换公司债券或者其他衍生品种；

（三）一方依据另一方股东大会决议领取股息、红利或者报酬；

（四）一方参与另一方公开招标或者拍卖，但是招标或者拍卖难以形成公允价格的除外；

（五）上市公司单方面获得利益的交易，包括受赠现金资产、获得债务减免、接受担保和资助等；

（六）关联交易定价为国家规定的；

（七）关联方向上市公司提供资金，利率水平不高于中国人民银行规定的同期贷款基准利率，且上市公司对该项财务资助无相应担保的；

（八）上市公司按与非关联方同等交易条件，向董事、监事、高级管理人员提供产品和服务的；

（九）中国证监会、本所认定的其他交易。

第八章　应披露的其他重大事项

第一节　股票异常波动和传闻澄清

8.1.1　上市公司股票交易出现本所业务规则规定或者本所认定的异常波动的，本所可以根据异常波动程度和监管需要，采取下列措施：

（一）要求上市公司披露股票交易异常波动公告；

（二）要求上市公司停牌核查并披露核查公告；

（三）向市场提示异常波动股票投资风险；

（四）本所认为必要的其他措施。

8.1.2　上市公司股票交易出现本所业务规则规定或本所认定的异常波动的，公司应当于次一交易日开盘前披露异常波动公告。如次一交易日开盘前无法披露，上市公司应当向本所申请停牌直至披露后复牌。

保荐机构应当督促上市公司按照本节规定及时进行核查，履行相应信息披露义务。

8.1.3　上市公司异常波动公告应当包括以下内容：

（一）股票交易异常波动的具体情况；

（二）对信息披露相关重要问题的关注、核实情况说明；

（三）是否存在应当披露而未披露重大信息的声明；

（四）董事会核实公司及控股股东、实际控制人、董事、监事、高级管理人员异常波动期间是否存在交易公司股票的情况；

（五）向市场提示异常波动股票投资风险；

（六）本所要求的其他内容。

8.1.4　上市公司和相关信息披露义务人应当密切关注公共媒体关于公司的重大报道、市场传闻（以下统称传闻）。相关传闻可能或者已经对公司股票交易价格或者投资决策产生较大影响的，公司应当及时核实，并视情况披露或者澄清。

本所认为相关传闻可能对公司股票交易价格产生较大影响的，可以要求公司予以核实、澄清。公司应当在本所要求的期限内核实，及时披露传闻澄清公告。

第二节 股份质押和司法冻结

8.2.1 上市公司任一股东所持公司5%以上的股份被质押、冻结、司法拍卖、托管、设定信托或者被依法限制表决权的，应当及时通知公司并予以披露。

8.2.2 对于股份质押的情形，应当说明质押股东和质押权人基本情况，股份质押基本情况及质押登记办理情况等。质押股东是上市公司控股股东、实际控制人及其一致行动人的，还应当说明股份质押的目的、资金偿还能力、可能引发的风险及应对措施等。

对于股份司法冻结的情形，应当说明股份冻结基本情况，并说明是否可能导致上市公司控制权发生变化。被冻结人是上市公司控股股东、实际控制人及其一致行动人的，还应当披露股份冻结对上市公司控制权稳定和日常经营的影响，是否存在侵害公司利益的情形以及其他未披露重大风险，被冻结人拟采取的应对措施等。

8.2.3 上市公司控股股东、实际控制人及其一致行动人质押股份占其所持股份的比例达到50%以上，以及之后质押股份的，应当及时通知公司，并披露质押股份情况、质押融资款项的最终用途及资金偿还安排。

8.2.4 上市公司控股股东、实际控制人及其一致行动人出现质押处置风险的，还应当披露以下事项：

（一）是否可能导致上市公司控制权发生变更；

（二）拟采取的措施，如补充质押、提前还款、提前购回被质押股份、暂不采取措施等；

（三）可能面临的相关风险。

控股股东、实际控制人及其一致行动人质押股份被强制处置或处置风险解除的，应当持续披露进展。

第三节 其他应当披露的重大事项

8.3.1 上市公司董事会就股票发行、申请转板或向境外其他证券交易所申请股票上市或者发行其他证券品种作出决议，应当自董事会决议之日起及时披露相关公告。

8.3.2 上市公司应当及时披露下列重大诉讼、仲裁：

（一）涉案金额超过1000万元，且占公司最近一期经审计净资产绝对值10%以上；

（二）股东大会、董事会决议被申请撤销或者宣告无效；

（三）可能对公司控制权稳定、生产经营或股票交易价格产生较大影响的其他诉讼、仲裁；

（四）本所认为有必要的其他情形。

上市公司发生的重大诉讼、仲裁事项应当采取连续12个月累计计算的原则，经累计计算达到前款标准的，适用前款规定。已经按照上述规定履行披露义务的，不再纳入累计计算范围。

上市公司应当及时披露重大诉讼、仲裁事项的重大进展情况及其对公司的影响，包括但不限于诉讼案件的一审和二审判决结果、仲裁裁决结果，以及判决、裁决执行情况等。

8.3.3 上市公司应当在董事会审议通过利润分配或资本公积转增股本方案后，及时披露方案具体内容，并于实施方案的股权登记日前披露方案实施公告。

8.3.4 限售股份在解除限售前，上市公司应当按照本所相关规定披露相关公告。

8.3.5 直接或间接持有公司5%以上股份的股东，所持股份占上市公司总股本的比例每增加或减少5%时，投资者应当按规定及时告知公司，并配合上市公司履行信息披露义务。上市公司应当及时披露股东持股变动情况。投资者及其一致行动人已按照《上市公司收购管理办法》的规定披露权益变动报告书等文件的，上市公司可以简化披露持股变动情况。

8.3.6 上市公司和相关信息披露义务人披露承诺事项的，应当严格遵守其披露的承诺事项。

上市公司应当及时披露承诺事项的履行进展情况。公司未履行承诺的，应当及时披露原因及相关当事人可能承担的法律责任；相关信息披露义务人未履行承诺的，公司应当主动询问，并及时披露原因以及董事会拟采取的措施。

8.3.7 上市公司出现下列重大风险情形之一的，应当自事实发生之日起及时披露：

（一）停产、主要业务陷入停顿；

（二）发生重大债务违约；

（三）发生重大亏损或重大损失；

（四）主要资产被查封、扣押、冻结，主要银行账号被冻结；

（五）公司董事会、股东大会无法正常召开会议并形成决议；

（六）董事长或者经理无法履行职责，控股股东、实际控制人无法取得联系；

（七）公司其他可能导致丧失持续经营能力的风险。

上述风险事项涉及具体金额的，比照适用本规则第7.1.2条的规定。

8.3.8 上市公司出现以下情形之一的，应当自事实发生或董事会决议之日起及时披露：

（一）变更公司名称、证券简称、公司章程、注册资本、注册地址、主要办公地址、联系电话等，其中公司章程发生变更的，还应在股东大会审议通过后披露新的公司章程；

（二）经营方针和经营范围发生重大变化；

（三）上市公司控股股东、实际控制人及其一致行动人，或第一大股东发生变更；

（四）上市公司控股股东、实际控制人及其关联方占用公司资金；

（五）上市公司控股股东、实际控制人及其控制的其他企业从事与公司相同或者相似业务的情况发生较大变化；

（六）法院裁定禁止控股股东、实际控制人转让其所持上市公司股份；

（七）上市公司董事、监事、高级管理人员发生变动；

（八）上市公司减资、合并、分立、解散及申请破产，或者依法进入破产程序、被责令关闭；

（九）订立重要合同、获得大额政府补贴等额外收益，可能对公司的资产、负债、权益和经营成果产生重大影响；

（十）上市公司提供担保，被担保人于债务到期后15个交易日内未履行偿债义务，或者被担保人出现破产、清算或其他严重影响其偿债能力的情形；

（十一）营业用主要资产的抵押、质押、出售或者报废一次超过该资产的30%；

（十二）上市公司发生重大债务；

（十三）上市公司变更会计政策、会计估计（法律法规或者国家统一会计制度要求的除外），变更会计师事务所；

（十四）上市公司或其控股股东、实际控制人、董事、监事、高级管理人员被纳入失信联合惩戒对象；

（十五）上市公司取得或丧失重要生产资质、许可、特许经营权，或生产经营的外部条件、行业政策发生重大变化；

（十六）上市公司涉嫌违法违规被中国证监会及其派出机构或其他有权机关调查，被移送司法机关或追究刑事责任，受到对公司生产经营有重大影响的行政处罚，或者被中国证监会及其派出机构采取行政监管措施或行政处罚；

（十七）上市公司董事、监事、高级管理人员、控股股东或实际控制人涉嫌违法违规被中国证监会及其派出机构或其他有权机关调查、采取留置、强制措施或者追究重大刑事责任，被中国证监会及其派出机构处以证券市场禁入、认定为不适当人员等监管措施或行政处罚，受到对公司生产经营有重大影响的其他行政处罚；或者因身体、工作安排等原因无法正常履行职责达到或者预计达3个月以上；

（十八）因已披露的信息存在差错、虚假记载或者未按规定披露，被有关机构要求改正或者经董事会决定进行更正；

（十九）法律法规规定的，或者中国证监会、本所认定的其他情形。

上述事项涉及具体金额的，应当比照适用本规则第7.1.2条的规定。

上市公司发生第一款第十六、十七项规定情形，可能触及本规则第十章规定的重大违法类强制退市情形的，还应当同时披露可能被实施重大违法类强制退市的风险提示公告。

上市公司发生违规对外担保，或者资金、资产被控股股东、实际控制人及其关联方占用的，应当披露相关事项的整改进度情况。

8.3.9 上市公司出现以下情形之一的，应当自事实发生或董事会决议之日起及时披露：

（一）开展与主营业务行业不同的新业务；

（二）重要在研产品或项目取得阶段性成果或研发失败；

（三）主要产品或核心技术丧失竞争优势。

第四节 股权激励与员工持股计划

8.4.1 上市公司以限制性股票、股票期权实行股权激励，应当遵守《上市公司股权激励管理办法》《持续监管办法》和中国证监会其他相关规定，以及本所业务规则。

8.4.2 激励对象可以包括上市公司的董事、高级管理人员、核心技术人员或者核心业务人员（经法定程序认定的核心员工），以及公司认为应当激励的对公司经营业绩和未来发展有直接影响的其他员工，独立董事和监事除外。

单独或合计持有上市公司5%以上股份的股东或实际控制人及其配偶、父母、子女以及上市公司外籍员工，在上市公司担任董事、高级管理人员、核心技术人员或者核心业务人员的，可以成为激励对象。上市公司应当充分说明前述人员成为激励对象的必要性、合理性。

下列人员不得成为激励对象：

（一）最近12个月内被证券交易所认定为不适当人选；

（二）最近12个月内被中国证监会及其派出机构认定为不适当人选；

（三）最近12个月内因重大违法违规行为被中国证监会及其派出机构行政处罚或者采取市场禁入措施；

（四）具有《公司法》规定的不得担任公司董事、高级管理人员情形的；

（五）法律法规规定不得参与上市公司股权激励的；

（六）中国证监会认定的其他情形。

8.4.3 上市公司实施股权激励，应当合理确定限制性股票授予价格或股票期权行权价格，并在股权激励计划中对定价依据和定价方式进行说明。

限制性股票授予价格低于市场参考价的50%，或者股票期权行权价格低于市场参考价的，上市公司应当聘请独立财务顾问对股权激励计划的可行性、相关定价依据和定价方法的合理性、是否有利于公司持续发展、是否损害股东利益等发表意见。

前款所称的市场参考价是指股权激励计划草案公布前1个交易日、20个交易日、60个交易日或120个交易日股票交易均价孰高者。

8.4.4 上市公司全部在有效期内的股权激励计划所涉及的标的股票总数，累计不得超过公司股本总额的30%。

经出席会议的股东所持表决权的2/3以上通过，单个激励对象通过全部在有效期内的股权激励计划获授的本公司股票，累计可以超过公司股本总额的1%。

8.4.5 上市公司实施员工持股计划，应当遵守中国证监会关于上市公司员工持股计划的相关规定和本所业务规则。

8.4.6 上市公司在全国股转系统挂牌期间依法实施的股权激励计划，上市后可以继续实施，限制性股票的限售安排和授予价格、股票期权的行权安排和行权价格等事项按已披露的股权激励计划方案执行。

上市公司在全国股转系统挂牌期间依法设立的员工持股计划，上市后可以继续实施，管理方式、持股期限等事宜按照已披露的员工持股计划方案办理。

第九章 停牌和复牌

第一节 一般规定

9.1.1 上市公司股票的停牌和复牌，应当遵守本所业务规则的规定。

本所可以根据相关业务规则决定对公司股票及其衍生品种实施停牌或者复牌。

证券市场交易出现极端异常情况的，本所可以根据中国证监会的决定或者市场实际情况，暂停办理上市公司停牌申请，维护市场交易的连续性和流动性，维护投资者正当的交易权利。

9.1.2 公司应当维护证券交易的连续性，谨慎申请停牌，不得滥用停牌或者复牌损害投资者的合法权益。

9.1.3 上市公司及其股东、实际控制人、董事、监事、高级管理人员和其他交易各方，以及提供服务的证券公司、证券服务机构等，在筹划重大事项过程中，应当严格履行保密义务，做好信息管理和内幕信息知情人登记工作，不得以停牌代替公司及有关各方在筹划重大事项过程中的信息保密义务。

9.1.4 上市公司筹划重大事项，应当在股票不停牌的情况下分阶段披露所筹划事项的具体情况，不得以相关事项结论尚不确定为由随意申请停牌。

9.1.5 公司难以分阶段披露所筹划重大事项，确有需要申请停牌的，应当明确停牌事由，合理确定停牌时间，缩短停牌时长，并及时申请复牌。

停牌期间，公司应当分阶段披露所筹划重大事项的进展情况，避免笼统、概况式披露，并至少每5个交易日披露1次进展公告。

9.1.6 上市公司完成重大事项筹划、停牌期限届满或者终止筹划重大事项的，应当立即申请复牌。公司应当披露停牌期间筹划的主要工作、事项进展、对公司的影响以及后续安排等事项，并充分提示相关事项的风险和不确定性。终止筹划重大事项的，还应当披露终止筹划的具体原因及决策程序。

9.1.7 上市公司停牌事项变更后，股票停牌安排应当符合变更后停牌事项的相关规定，自首次停牌之日起累计计算的停牌时长不得超过变更后停牌事项的规定停牌时长。

第二节 筹划重大事项申请停复牌

9.2.1 上市公司因筹划重大资产重组或发行股份购买资产的，可以申请停牌，停牌时间不超过10个交易日。公司应当在停牌期限届满前披露经董事会审议通过的重组预案或者报告书，并申请复牌；未能按期披露重组预案或者报告书的，应当终止筹划本次重组并申请复牌。

公司可以在披露重组预案或者报告书后，以对相关方案作出重大调整为由申请停牌，停牌时间不超过5个交易日。公司应当及时披露重大调整的具体情况、当前进展、后续安排以及尚需履行的程序等事项，并申请复牌。

9.2.2 上市公司不停牌筹划重大资产重组的，应当做好信息保密工作，在按规定披露重组预案或者报告书等文件前，不得披露所筹划重组的相关信息。相关信息泄露的，公司应当及时申请停牌。

9.2.3 上市公司筹划控制权变更、要约收购等事项的，原则上应当分阶段披露筹划进展，确有需要申请停牌的，停牌时间不超过5个交易日。

上市公司破产重整期间，应当分阶段披露重整事项进展，并充分提示相关风险，确有需要申请停牌的，应当披露停牌具体事由、重整事项进展和预计复牌时间等内容，停牌时间原则上不超过5个交易日。

9.2.4 上市公司无法在停牌期限届满前完成相关事项筹划，但国家有关部门对相关事项的停复牌时间另有要求的，公司可以向本所申请延期复牌，但连续停牌时间原则上不得超过25个交易日。涉及国家重大战略项目、国家军工秘密等事项，对停复牌时间另有要求的从其要求。

上市公司应当在延期复牌生效前披露延期复牌公告，公告内容应当包括筹划事项进展、延期复牌的原因及延期后预计复牌时间等具体信息。

9.2.5 上市公司因筹划重大事项申请停牌的，本所依据相关业务规则予以办理，停牌申请不符合本所规定的事由、条件和要求的，本所不予受理。上市公司无法按照本规则和本所相关规定在申请停牌时披露相关内容的，本所不予受理公司停牌申请，但国家有关部门对相关事项的披露内容另有要求的除外。

9.2.6 上市公司股票停牌后，本所发现公司的停牌事由不成立，或者其停牌申请不符合或不再符合本所规定的条件和要求的，本所可以要求公司立即申请复牌。公司未按要求申请复牌的，本所可以决定予以复牌，并要求公司披露相关情况，作出解释说明。

第三节 其他事项的停复牌

9.3.1 上市公司出现下列情形的，本所可以决定公司股票的停牌和复牌：

（一）严重违反法律法规、本所业务规则，且在规定期限内拒不按要求改正；

（二）信息披露存在重大遗漏或者误导性陈述，且拒不按照要求就有关内容进行更正、解释或者补充；

（三）公司运作和信息披露方面涉嫌违反法律法规、本所业务规则，情节严重而被有关部门调查；

（四）无法保证与本所的有效联系，或者拒不履行信息披露义务；

（五）本所认为应当停牌或者复牌的其他情形。

公司股票及其衍生品种被本所强制停牌或复牌，公司应当及时披露相关内容，向市场作出解释说明。

9.3.2 上市公司发生未在《证券法》规定期限内披露年度报告或者中期报告等涉及强制退市情形的，其股票停复牌按照本规则第十章的相关规定办理。

上市公司未在规定期限内披露季度报告，公司股票应当于报告披露期限届满的次一交易日停牌1天。

9.3.3 上市公司被要约收购的，要约收购期限届满后的次一交易日至披露要约收购查询结果期间，公司股票应当停牌。

根据收购结果，被收购上市公司股权分布仍符合上市条件的，公司股票应当于要约收购结果公告日申请复牌。不再符合上市条件的，公司股票应当继续停牌，并按照本规则第十章和要约收购相关规定办理后续程序。

9.3.4 上市公司向境内其他证券交易所申请股票转板（以下简称转板），应当申请股票于向境内其他证券交易所提交申报材料的次一交易日停牌。在收到境内其他证券交易所不予受理决定、终止审核决定等文书后，应当申请股票复牌。

9.3.5 上市公司发生风险事件等存在重大不确定性，可能严重影响市场秩序、损害投资者合法权益的事项，中国证监会或本所认为有必要的，公司可以申请停牌。

第十章 退　市

第一节 一般规定

10.1.1 上市公司触及本规则规定的退市情形，导致其股票存在被终止上市风险的，本所对该公司股票启动退市程序。

本规则所称的退市包括强制终止上市（简称强制退市）和主动终止上市（简称主动退市）。强制退市分为交易类强制退市、财务类强制退市、规范类强制退市和重大违法类强制退市四类情形。

10.1.2 上市公司出现财务状况异常情况或者其他异常情况导致其股票存在被强制退市风险，本所对该公司股票实施风险警示。上市公司股票被实施退市风险警示的，在公司股票简称前冠以“＊ST”字样。

本所可以规定对其他情形实施风险警示。

10.1.3 上市公司出现两项以上退市风险警示、退市情形的，其股票按照先触及先适用的原则实施退市风险警示和退市。

公司同时存在两项以上退市风险警示情形，其中一项退市风险警示情形已满足撤销条件的，公司应当在规定期限内申请撤销相关退市风险警示情形，经本所审核同意的，不再适用对应情形的退市程序。

公司同时存在两项以上退市风险警示情形的，须满足全部退市风险警示情形的撤销条件，方可撤销退市风险警示。

公司股票交易撤销退市风险警示，但还存在其他的风险警示情形的，本所对公司股票交易实施相应的风险警示。

10.1.4 强制退市由本所上市委员会审议，并形成审议意见。本所结合上市委员会的审议意见，作出决定。

10.1.5 本所在作出是否撤销风险警示、终止股票上市等决定前，可以要求上市公司提供补充材料或解释说明，公司提供补充材料或解释说明期间不计入本所作出有关决定的期限。

公司提供补充材料或解释说明的期限累计不得超过30个交易日。公司未按本所要求在前述期限内提交补充材料或解释说明的，本所在该期限届满后继续对其所提申请进行审核，并根据本规则作出相关决定。

本所在作出是否撤销风险警示、终止股票上市等决定前，可以委托相关机构就公司有关情况进行核查，核查期间不计入本所作出有关决定的期限。

第二节　交易类强制退市

10.2.1 上市公司连续60个交易日出现下列情形之一的，本所决定终止其股票上市：

（一）股票每日收盘价均低于每股面值；

（二）股东人数均少于200人；

（三）按照本规则第2.1.3条第一款第四项规定上市的公司，股票交易市值均低于3亿元；

（四）本所认定的其他情形。

前款规定的交易日，不包含公司股票停牌日和公开发行股票并上市之日起的20个交易日。

10.2.2 上市公司连续30个交易日出现本规则第10.2.1条第一款第一至三项规定情

形的，应当在次一交易日披露公司股票可能被终止上市的风险提示公告，其后每5个交易日披露1次，直至相关的情形消除或者本所作出公司股票终止上市的决定。

10.2.3 公司股票可能被终止上市的风险提示公告，应当包括以下内容：

（一）公司股票可能被终止上市的原因；

（二）可能被终止上市的时间、影响因素等；

（三）公司为消除退市风险已采取或拟采取的措施；

（四）公司接受投资者咨询的联系人和联系方式；

（五）本所要求的其他内容。

10.2.4 上市公司出现本规则第10.2.1条规定情形之一的，应当在相应情形出现当日披露，公司股票自公告披露日的次一交易日起停牌。

10.2.5 上市公司因触发交易类强制退市情形停牌后，退市程序按照本章第六节的相关要求办理。

第三节 财务类强制退市

10.3.1 上市公司出现下列情形之一的，本所对其股票实施退市风险警示：

（一）最近一个会计年度经审计的净利润为负值且营业收入低于5000万元，或追溯重述后最近一个会计年度净利润为负值且营业收入低于5000万元；

（二）最近一个会计年度经审计的期末净资产为负值，或追溯重述后最近一个会计年度期末净资产为负值；

（三）最近一个会计年度的财务会计报告被出具无法表示意见或否定意见的审计报告；

（四）中国证监会及其派出机构行政处罚决定书表明公司已披露的最近一个会计年度经审计的年度报告存在虚假记载、误导性陈述或者重大遗漏，导致该年度相关财务指标实际已触及第一、二项情形的；

（五）本所认定的其他情形。

本节所述净利润以扣除非经常性损益前后孰低者为准，营业收入应当扣除不具备商业实质的收入。负责审计的会计师事务所应当就公司营业收入扣除事项是否符合前述规定及扣除后的营业收入金额出具专项核查意见。

公司因追溯重述或者本条第一款第四项规定情形导致相关财务指标触及本条第一款第一、二项规定情形的，最近一个会计年度指最近一个已经披露经审计财务会计报告的年度。

按照本规则第2.1.3条第一款第二至四项规定上市的公司，不适用本条第一款第一项的规定。

10.3.2 上市公司预计将出现本规则第10.3.1条规定情形之一的，原则上应当在相应的会计年度结束后1个月内，发布股票可能被实施退市风险警示的风险提示公告，并在披露年度报告前至少再发布 2 次风险提示公告。风险提示公告应当说明可能被实施退市风险警示的原因，已采取或拟采取的措施等内容。

公司预计因追溯重述导致可能出现本规则第 10. 3. 1 条第一款第一、二项规定情形的，或者可能出现本规则第 10. 3. 1 条第一款第四项规定情形的，应当在知悉相关风险情况时，及时发布股票可能被实施退市风险警示的风险提示公告。

10. 3. 3 上市公司出现本规则第 10. 3. 1 条第一款第一至三项情形的，应当在披露年度报告或者财务会计报告更正公告的同时，披露公司股票交易将被实施退市风险警示的公告，并立即向本所报告。公司股票于公告披露日的次一交易日起停牌 1 天。自复牌之日起，本所对公司股票交易实施退市风险警示。

上市公司出现本规则第 10. 3. 1 条第一款第四项情形的，应当在收到相关行政处罚决定书后，立即披露相关情况和公司股票交易将被实施退市风险警示的公告，并立即向本所报告。公司股票于公告披露日的次一交易日起停牌 1 天。自复牌之日起，本所对公司股票交易实施退市风险警示。

10. 3. 4 上市公司因出现本规则第 10. 3. 1 条第一款第一至三项情形，其股票交易被实施退市风险警示的，原则上应当在其股票被实施退市风险警示当年的会计年度结束后 1 个月内，发布股票可能被终止上市的风险提示公告，并在披露该年年度报告前至少再发布 2 次风险提示公告。

公司因出现本规则第 10. 3. 1 条第一款第四项情形，其股票交易被实施退市风险警示的，应当在披露实际触及退市风险警示指标相应年度的次一年度年度报告前至少发布 2 次风险提示公告。风险提示公告的内容适用本规则第 10. 2. 3 条的规定。

10. 3. 5 上市公司股票因出现本规则第 10. 3. 1 条情形，其股票交易被本所实施退市风险警示的，在退市风险警示期间，公司进行重大资产重组且满足以下全部条件的，可以向本所申请撤销退市风险警示：

（一）根据中国证监会有关重大资产重组规定出售全部经营性资产和负债、购买其他资产且已实施完毕；

（二）通过购买进入公司的资产是一个完整经营主体，该经营主体在进入公司前已在同一管理层之下持续经营 2 年以上；

（三）公司模拟财务报表的财务数据不存在本规则第 10. 3. 1 条第一款规定的情形；

（四）本所要求的其他条件。

10. 3. 6 上市公司因出现本规则第 10. 3. 1 条规定情形，其股票交易被实施退市风险警示后，首个会计年度审计结果表明公司未出现本规则第 10. 3. 9 条第一款第一至四项规定情形的，公司可以向本所申请撤销退市风险警示。公司应当在披露年度报告同时说明是否将向本所申请撤销退市风险警示。公司拟申请撤销退市风险警示的，应当在披露之日起

5个交易日内，向本所提交申请。

公司因追溯重述或者行政处罚导致相关财务指标触及本规则第10.3.1条第一款第一、二项规定情形被实施退市风险警示的，首个会计年度指前述财务指标所属会计年度的下一个会计年度。

10.3.7 上市公司向本所提交撤销退市风险警示的申请后，应当在次一交易日披露公告。

公司提交完备的申请材料的，本所在15个交易日内决定是否撤销退市风险警示。

10.3.8 本所决定撤销退市风险警示的，公司应当披露公司股票撤销退市风险警示公告，公司股票在公告后停牌1天。自复牌之日起，本所撤销对公司股票交易的退市风险警示。

本所决定不予撤销退市风险警示的，上市公司应当在收到本所有关书面通知次一交易日披露公告。

10.3.9 上市公司出现下列情形之一的，本所决定终止其股票上市交易：

（一）因净利润和营业收入触及本规则第10.3.1条第一款第一项规定情形其股票被实施退市风险警示后，首个会计年度净利润继续为负值且营业收入继续低于5000万元；

（二）因净资产触及本规则第10.3.1条第一款第二项规定情形其股票被实施退市风险警示后，首个会计年度净资产继续为负值；

（三）因触及本规则第10.3.1条第一款第四项规定情形其股票被实施退市风险警示后，实际触及退市风险警示指标相应年度的次一年度，继续出现本条第一款第一、二项规定情形的；

（四）因触及本规则第10.3.1条第一款规定情形其股票被实施退市风险警示后，首个会计年度的财务会计报告被出具保留意见、无法表示意见或否定意见的审计报告；

（五）虽满足撤销退市风险警示的条件，但公司未在规定期限内向本所申请撤销的；

（六）因不满足撤销退市风险警示的条件，本所决定不予撤销的；

（七）本所认定的其他情形。

按照本规则第2.1.3条第一款第二至四项规定上市的公司，不适用本条第一款第一项的规定。

10.3.10 上市公司出现本规则第10.3.9条第一款第一至四项情形的，应当在披露年度报告的同时披露公司股票可能被终止上市的风险提示公告，并立即向本所报告。

公司出现本规则第10.3.9条第一款第五至七项情形的，应当在相应情形发生当日履行前款规定的披露和报告义务。

公司股票于公告披露日的次一交易日起停牌。风险提示公告的内容适用本规则第10.2.3条的规定。

10.3.11 上市公司因触发财务类强制退市情形停牌后，退市程序按照本章第六节的相关要求办理。

第四节 规范类强制退市

10.4.1 上市公司出现下列情形之一的，本所对其股票实施退市风险警示：

（一）未在法定期限内披露年度报告或者中期报告，且在公司股票停牌 2 个月内仍未披露；

（二）半数以上董事无法保证公司所披露年度报告或中期报告的真实性、准确性和完整性，且未在法定期限内改正，此后股票停牌 2 个月内仍未改正；

（三）财务会计报告存在重大会计差错或者虚假记载，被中国证监会及其派出机构责令改正，但公司未在要求期限内改正，且在公司股票停牌 2 个月内仍未改正；

（四）信息披露或者规范运作等方面存在重大缺陷，被本所限期改正但公司未在规定期限内改正，且公司在股票停牌 2 个月内仍未改正；

（五）公司股本总额或公众股东持股比例发生变化，导致连续 60 个交易日不再具备上市条件，且公司在股票停牌 1 个月内仍未解决；

（六）公司可能被依法强制解散；

（七）法院依法受理公司重整、和解或破产清算申请；

（八）本所认定的其他情形。

本条第一款第四项规定的信息披露或者规范运作等方面存在重大缺陷情形，具体包括以下情形：

（一）本所失去公司有效信息来源；

（二）公司拒不披露应当披露的重大信息；

（三）公司严重扰乱信息披露秩序，并造成恶劣影响；

（四）本所认为公司存在其他信息披露或者规范运作缺陷且情节严重的。

前款所述情形由本所上市委员会审议，本所结合上市委员会的审议意见作出认定。

10.4.2 上市公司出现本规则第 10.4.1 条第一款第一至四项规定的未在要求期限改正或者法定期限内披露相关定期报告情形的，公司股票自改正期限或者法定期限届满之日的次一交易日起停牌，并披露公司股票可能被实施退市风险警示的风险提示公告。其后公司应当至少每 10 个交易日披露 1 次相关进展情况和风险提示公告，直至相应情形消除或公司股票被本所实施退市风险警示。

上市公司在股票停牌后 2 个月内完成改正或者披露相关定期报告的，应当及时公告，公司股票自公告披露日的次两个交易日起复牌。

上市公司在股票停牌后 2 个月内仍未完成改正或者披露的，公司应当在停牌 2 个月届满的次一交易日披露股票被实施退市风险警示的公告。公司股票自公告披露日的次一交易日起复牌。自复牌之日起，本所对公司股票实施退市风险警示。

10.4.3 上市公司出现本规则第10.4.1条第一款第五项规定的股本总额或者公众股东持股比例连续60个交易日不具备上市条件的，公司股票自前述情形出现的次一交易日起停牌，并披露公司股票可能被实施退市风险警示的风险提示公告。其后公司应当至少每10个交易日披露1次相关进展情况和风险提示公告，直至相应情形消除或公司股票被本所实施退市风险警示。公司应当于停牌之日起1个月内披露解决方案并提示相关风险。

上市公司在股票停牌后1个月内披露解决股本总额或者公众股东持股比例问题的方案，应当同时披露股票被实施退市风险警示的公告，公司股票自公告披露日的次一交易日起复牌；公司未在股票停牌后1个月内披露解决方案的，应当在停牌1个月届满的次一交易日，披露股票被实施退市风险警示的公告，公司股票自公告披露日的次一交易日起复牌。自复牌之日起，本所对公司股票实施退市风险警示。

停牌期间股本总额或者公众股东持股比例重新具备上市条件的，上市公司应当及时披露并申请股票复牌。

10.4.4 上市公司出现本规则第10.4.1条第一款第六至八项规定情形之一的，公司应当在该情形出现的次一交易日披露，公司股票于公告后停牌1天，自复牌之日起，本所对公司股票交易实施退市风险警示。

10.4.5 上市公司因本规则第10.4.1条情形被实施退市风险警示的，股票被实施退市风险警示期间，上市公司应当每5个交易日披露1次风险提示公告，提示其股票可能被终止上市的风险。

10.4.6 上市公司股票因本规则第10.4.1条第一款第七项情形被实施退市风险警示的，公司应当分阶段及时披露法院裁定批准公司重整计划、和解协议或者终止重整、和解程序等重整事项的进展，并充分提示相关风险。

上市公司破产重整的停复牌应当遵守本所相关规定。

10.4.7 上市公司股票因本规则第10.4.1条第一款第一至六项情形被实施退市风险警示后，符合下列对应条件的，可以向本所申请撤销对其股票实施的退市风险警示：

（一）因本规则第10.4.1条第一款第一项情形被实施退市风险警示之日起的2个月内，披露相关年度报告或者中期报告，且不存在半数以上董事无法保证真实、准确、完整情形；

（二）因本规则第10.4.1条第一款第二项情形被实施退市风险警示之日起的2个月内，超过半数董事保证公司所披露相关定期报告的真实性、准确性和完整性；

（三）因本规则第10.4.1条第一款第三项情形被实施退市风险警示之日起的2个月内，按相关规定和要求披露经改正的财务会计报告；

（四）因本规则第10.4.1条第一款第四项情形被实施退市风险警示之日起2个月内，

公司已按要求完成整改，具备健全的公司治理结构，运作规范，信息披露和内控制度无重大缺陷；

（五）因本规则第 10.4.1 条第一款第五项情形被实施退市风险警示之日起的 6 个月内，解决股本总额或公众股东持股比例问题，且其股本总额或公众股东持股比例重新具备上市条件；

（六）因本规则第 10.4.1 条第一款第六项情形被实施退市风险警示后，公司可能被依法强制解散的情形已消除。

前款规定的第四项情形，由本所上市委员会审议，本所结合上市委员会审核意见作出是否撤销退市风险警示的决定。

10.4.8 上市公司股票因本规则第 10.4.1 条第一款第七项情形被实施退市风险警示后，符合下列条件之一的，公司可以向本所申请撤销对其股票实施的退市风险警示：

（一）重整计划执行完毕；

（二）和解协议执行完毕；

（三）法院受理破产申请后至破产宣告前，依据《中华人民共和国企业破产法》（以下简称《企业破产法》）作出驳回破产申请的裁定，且申请人在法定期限内未提起上诉；

（四）因公司已清偿全部到期债务、第三人为公司提供足额担保或者清偿全部到期债务，法院受理破产申请后至破产宣告前，依据《企业破产法》作出终结破产程序的裁定。

公司因前款第一、二项情形向本所申请撤销对其股票实施的退市风险警示，应当提交法院指定管理人出具的监督报告、律师事务所出具的对公司重整计划或和解协议执行情况的法律意见书，以及本所要求的其他说明文件。

10.4.9 上市公司符合撤销退市风险警示条件的，应当于相关情形出现后及时披露，并说明是否将向本所申请撤销退市风险警示。公司应当在披露之日起的 5 个交易日内，向本所申请撤销对其股票实施的退市风险警示并于次一交易日披露。

10.4.10 上市公司提交完备的申请材料的，本所在 15 个交易日内作出是否撤销退市风险警示的决定。

10.4.11 本所决定撤销退市风险警示的，公司应当披露公司股票撤销退市风险警示公告，公司股票在公告后停牌 1 天。自复牌之日起，本所撤销对公司股票交易的退市风险警示。

本所决定不予撤销退市风险警示的，公司应当在收到本所有关书面通知的次一交易日披露公告。

10.4.12 上市公司出现下列情形之一的，本所决定终止其股票上市交易：

（一）因本规则第 10.4.1 条第一款第一项情形被实施退市风险警示之日起的 2 个月内仍未披露过半数董事保证真实、准确、完整的相关年度报告或者中期报告；

（二）因本规则第 10.4.1 条第一款第二项情形被实施退市风险警示之日起的 2 个月内仍有半数以上董事无法保证年度报告或者中期报告真实、准确、完整；

（三）因本规则第 10.4.1 条第一款第三项情形被实施退市风险警示之日起的 2 个月内仍未披露经改正的财务会计报告；

（四）因本规则第 10.4.1 条第一款第四项情形被实施退市风险警示之日起的 2 个月内仍未按要求完成改正；

（五）因本规则第 10.4.1 条第一款第五项情形被实施退市风险警示之日起的 6 个月内仍未解决股本总额或公众股东持股比例问题；

（六）因本规则第 10.4.1 条第一款第六、七项情形其股票被实施退市风险警示的，公司依法被吊销营业执照、被责令关闭或者被撤销等强制解散条件成就，或者法院裁定公司破产；

（七）虽满足撤销退市风险警示的条件，但公司未在规定期限内向本所申请撤销的；

（八）因不满足撤销退市风险警示的条件，本所决定不予撤销的；

（九）本所认定的其他情形。

10.4.13 上市公司出现本规则第 10.4.12 条情形的，应当在当日披露公司股票可能被终止上市的风险提示公告，并立即向本所报告。

公司股票自公告披露日的次 1 个交易日起停牌。风险提示公告的内容适用本规则第 10.2.3 条的规定。

10.4.14 上市公司因触发规范类强制退市情形停牌后，退市程序按照本章第六节的相关要求办理。

第五节 重大违法类强制退市

10.5.1 本规则所称重大违法类强制退市，包括下列情形：

（一）涉及国家安全、公共安全、生态安全、生产安全和公众健康安全等领域的重大违法行为被追究法律责任，导致上市公司或其主要子公司依法被吊销营业执照、责令关闭或者被撤销，依法被吊销主营业务生产经营许可证，或存在丧失继续生产经营法律资格的其他情形；

（二）上市公司公开发行并上市，申请或者披露文件存在虚假记载、误导性陈述或重大遗漏，被中国证监会及其派出机构依据《证券法》第一百八十一条作出行政处罚决定，或者被人民法院依据《刑法》第一百六十条作出有罪生效判决；

（三）上市公司发行股份购买资产并构成重组上市，申请或者披露文件存在虚假记载、误导性陈述或者重大遗漏，被中国证监会及其派出机构依据《证券法》第一百八十一条作出行政处罚决定，或者被人民法院依据《刑法》第一百六十条作出有罪生效判决；

（四）上市公司披露的年度报告存在虚假记载、误导性陈述或者重大遗漏，根据中国证监会及其派出机构行政处罚决定认定的事实，导致连续会计年度财务类指标已实际触及本章第三节规定的退市标准；

（五）本所认定的其他情形。

10.5.2 上市公司可能触及本节规定的重大违法强制退市情形的，应当于知悉相关行政机关行政处罚事先告知书或者人民法院作出司法裁判当日向本所报告，及时披露有关内容，就其股票可能被实施重大违法强制退市进行风险提示。公司股票于公告披露日的次一交易日起停牌 1 天，本所自复牌之日起对公司股票实施退市风险警示。

上市公司未及时披露的，本所可以在获悉相关情况后对公司股票实施停牌，并向市场公告。

上市公司股票因本条第一款情形被实施退市风险警示期间，公司应当每 5 个交易日披露 1 次相关事项进展，并就公司股票可能被实施重大违法强制退市进行风险提示。

10.5.3 上市公司在股票被实施退市风险警示期间，收到相关行政机关相应行政处罚决定或者人民法院生效司法裁判，未触及本节规定的重大违法强制退市情形的，应当及时披露。公司股票在公告披露日的次一交易日起停牌 1 天，本所自复牌之日起撤销对公司股票实施的退市风险警示。

10.5.4 上市公司在股票被实施退市风险警示期间，收到相关行政机关相应行政处罚决定或者人民法院生效司法裁判，可能触及本节规定的重大违法强制退市情形的，应当及时披露有关内容，就其股票可能被实施重大违法强制退市进行风险提示。

公司股票自公告披露日的次一交易日起停牌。风险提示公告的内容适用本规则第 10.2.3 条的规定。

10.5.5 上市公司因触发重大违法类强制退市情形停牌后，退市程序按照本章第六节的相关要求办理。

第六节 强制退市程序

10.6.1 公司因触发强制退市情形停牌的，本所在作出终止上市决定前，向公司发出拟终止其股票上市的事先告知书。公司收到事先告知书后，可以根据本所相关规定提出听证、陈述和申辩。

10.6.2 本所上市委员会在听证、陈述和申辩有关期限届满或者听证程序结束后 15 个交易日内，就是否终止上市进行审议，形成审议意见。

10.6.3 本所结合上市委员会的审议意见，作出是否终止股票上市的决定。本所作出终止上市决定的，出具相关文件，发布公告，并报中国证监会备案。

10.6.4 上市公司应当在收到终止上市决定后的次一交易日内披露相应公告，公告中应当包括以下内容：

（一）终止上市决定的主要内容；

（二）公司股票进入退市整理期的停复牌安排（如有）和终止上市日期；

（三）终止上市后的信息披露或保障股东依法查阅公司财务会计报告等知情权的具体安排、股东权益保护相关安排；

（四）终止上市后其股票登记、挂牌交易或转让事宜；

（五）公司联系人与联系方式；

（六）本所要求的其他内容。

10.6.5　上市公司被本所作出强制终止上市决定的，可以根据本所相关规定申请复核。

上市公司未提出复核申请的，应当在复核期限届满当日，披露关于未提出复核申请的提示性公告。

上市公司提出复核申请的，应在当日披露关于已提出复核申请的公告，并在收到本所复核决定当日披露公告，说明复核决定的主要内容以及公司股票停复牌的具体安排。

本所经复核作出撤销强制终止上市决定的，公司股票自作出撤销强制终止上市决定的次 2 个交易日起复牌。

10.6.6　本所根据本章第三节至第五节的规定，作出终止上市决定后，适用退市整理期的相关规定。

中国证监会或本所对存在已公告筹划重大资产重组事项或涉及破产重整程序等特殊情形的上市公司退市整理期有其他规定的，按其规定办理。

10.6.7　退市整理期的交易期限为 15 个交易日。上市公司股票在退市整理期全天停牌的，停牌期间不计入退市整理期，但停牌天数不超过 5 个交易日。

10.6.8　本所作出强制终止上市决定后，上市公司未提出复核申请的，公司股票自申请复核期限届满后的第 6 个交易日起复牌，进入退市整理期，并于退市整理期届满的次一交易日终止上市。

上市公司提出复核申请，本所作出维持强制终止上市决定的，公司股票自作出维持终止上市决定后的第 6 个交易日起复牌，进入退市整理期，并于退市整理期届满的次一交易日终止上市。

股票在退市整理期，上市公司应当于每个交易日开盘前披露 1 次股票将被终止上市的风险提示公告，本所对股票进行特殊标识，证券简称为“××退”。

10.6.9　上市公司股票终止上市后，符合全国股转系统挂牌条件或进入创新层条件的，可以转入相应层级挂牌交易；不符合全国股转系统挂牌条件，且股东人数超过 200 人的，转入全国股转公司代为管理的退市公司板块，其股份转让和信息披露按相关规定办理。

上市公司退市后转入全国股转公司代为管理的退市公司板块，应当聘请证券公司担任其主办券商，协助公司办理相关业务。公司无法自行聘请主办券商，原则上由本所随机抽选证券公司担任；因触发本规则第 10.5.1 条第二项或第三项情形强制退市的，原则上由其公开发行并上市或重组上市的保荐机构担任主办券商。中国证监会或本所另有规定的，按相关规定办理。

第七节　主动终止上市

10.7.1　上市公司股东大会审议通过的，可以向本所申请终止其股票上市。

上市公司出现下列情形之一的，应当向本所申请终止其股票上市：

（一）上市公司股东大会决议解散公司；

（二）上市公司因新设合并或者吸收合并，将不再具有独立主体资格并被注销；

（三）上市公司因回购或要约收购导致公众股东持股比例、股东人数等发生变化不再具备上市条件；

（四）转板申请已获同意；

（五）本所认定的其他申请终止上市的情形。

10.7.2　上市公司向本所申请终止股票上市，应当同时符合下列条件：

（一）终止上市决策程序、信息披露和股票停复牌安排符合本所业务规则的规定；

（二）上市公司已在法定期限内披露最近一期年度报告或中期报告，或未在法定期限内披露最近一期年度报告或中期报告，但已在期满后 2 个月内补充披露；

（三）上市公司应制定合理的异议股东保护措施，对股东权益保护作出安排，转板申请已获同意的除外；

（四）本所要求的其他条件。

10.7.3　上市公司按照本规则第 10.7.1 条第一款的规定，向本所申请终止上市，应召开董事会、股东大会审议终止上市相关事项，股东大会除须经出席会议的全体股东所持有效表决权的 2/3 以上通过外，还须经出席会议的中小股东所持有效表决权的 2/3 以上通过。

终止上市议案应当明确拟终止上市的具体原因、终止上市后的发展战略、异议股东保护措施、股票停复牌安排等。独立董事应当就终止上市是否有利于公司长远发展和全体股东利益充分征询中小股东意见，在此基础上发表独立意见，并与股东大会召开通知一并公告。

10.7.4　上市公司因本规则第 10.7.1 第二款第一至三项规定情形引发主动终止上市的，应当按照法律法规、中国证监会和本所相关规定，履行公司解散或合并、股份回购、上市公司收购的决策、实施程序和信息披露义务；根据实施结果，及时向本所提交主动终止上市申请。

上市公司股东大会就本规则第 10.7.1 第二款第一、二项规定情形作出决议时，应同时就终止上市事项作出相关安排。

10.7.5 上市公司应当分别在董事会和股东大会对终止上市事项作出决议之日起 2 个交易日内披露董事会和股东大会决议公告，并在披露董事会决议公告的同时披露关于拟终止上市的公告。股东大会通过后，上市公司应当及时披露主动终止上市实施进展情况。

本所对前述公告进行审查，可以要求上市公司进行更正或补充披露。

10.7.6 审议终止上市事项的董事会决议公告前，公司股票因筹划重大资产重组或其他重大事项处于停牌状态的，上市公司应当按规定披露或终止筹划相关事项，申请其股票于董事会决议公告之日起的 2 个交易日内复牌。

上市公司应当申请其股票自审议终止上市事项的股东大会股权登记日的次一交易日起停牌，且董事会决议公告日至股东大会股权登记日期间，复牌时间不得少于 5 个交易日。

终止上市决议未获股东大会审议通过的，上市公司应当申请其股票自披露股东大会决议公告之日起的 2 个交易日内复牌。

10.7.7 上市公司向本所申请股票终止上市的，应当聘请财务顾问和律师事务所分别出具财务顾问报告和法律意见书。

前款规定的财务顾问，应当为本所会员。

财务顾问报告和法律意见书应当包括主动终止上市是否合法合规，公司上市以来是否存在违反证券法律法规行为，相关义务方与异议股东签署协议或异议股东接受相关保护措施的情况等内容。

10.7.8 上市公司应当在终止上市事项获得股东大会决议通过后的 1 个月内向本所提交下列文件：

（一）终止上市的书面申请；

（二）董事会决议及独立董事意见；

（三）股东大会决议；

（四）财务顾问报告；

（五）法律意见书；

（六）本所要求的其他文件。

10.7.9 本所对申请材料进行确认，并于受理之日起 20 个交易日内作出是否同意股票终止上市的决定。本所作出决定前，上市公司申请撤回终止上市的，应当召开董事会、股东大会审议撤回终止上市相关事项，股东大会须经出席会议的股东所持表决权的 2/3 以上通过。

10.7.10 本所同意股票终止上市的，出具同意终止上市函，发布相关公告，并报中国证监会备案。

上市公司应当最晚于终止上市日前一交易日披露股票终止上市公告，公告应当包括以下内容：

（一）股票终止上市日期；

（二）终止上市决定的主要内容；

（三）异议股东保护措施落实情况（转板情形除外）；

（四）终止上市后信息披露或保障股东依法查阅公司财务会计报告等知情权的具体安排；

（五）终止上市后股票登记、挂牌交易或转让事宜；

（六）公司终止上市后的联系人、联系方式；

（七）本所要求的其他内容。

本所不同意终止上市申请的，上市公司应当在收到本所相关书面决定当日披露相应公告，并申请其股票在2个交易日内复牌。

第八节 重新上市

10.8.1 上市公司股票终止上市后，其终止上市情形已消除，符合重新上市条件的可以向本所申请重新上市，重新上市条件由本所另行规定。

10.8.2 上市公司因触发重大违法强制退市情形，其股票被终止上市后，作为上市公司重大违法强制退市认定依据的行政处罚决定、司法裁判被依法撤销、确认无效或者因对违法行为性质、违法事实等的认定发生重大变化被依法变更的，公司可以在知道相关行政机关决定或者人民法院生效司法裁判后的10个交易日内，向本所申请撤销对公司股票作出的终止上市决定。本所撤销终止上市决定的，公司可以向本所申请重新上市。

财务类强制退市涉及的相关行政处罚决定被依法撤销或确认无效，或者因对违法行为性质、违法事实等的认定发生重大变化被依法变更的，参照前款规定办理。

10.8.3 上市公司因本规则第10.5.1条第二、三项被实施重大违法类强制退市，其股票终止上市后，除本规则第10.8.2条规定情形外，不得向本所申请重新上市。

10.8.4 本所上市委员会对股票重新上市申请进行审议，本所结合上市委员会的审议意见，作出是否同意公司股票重新上市的决定。

10.8.5 重新上市的其他事宜，由本所另行规定。

第十一章 日常监管和违规处理

11.1 本所可以对本规则第1.5条和第1.6条规定的监管对象采取以下工作措施：

（一）要求作出解释和说明；

（二）要求提供相关备查文件或者材料；

（三）要求聘请保荐机构、相关证券服务机构进行核查并发表意见；

（四）对相关人员进行监管工作谈话；

（五）调阅、查看工作底稿、证券业务活动记录及相关资料；

（六）发出监管工作提示；

（七）向中国证监会报告有关情况；

（八）向有关单位通报相关情况；

（九）其他措施。

11.2 本所根据相关业务规则和监管需要，可对上市公司及相关主体进行现场检查，相关主体应当积极配合。

前款所述现场检查，指本所在上市公司及相关主体的生产、经营、管理场所以及其他相关场所，采取查阅、复制文件和资料、查看实物、谈话及询问等方式，对上市公司及相关主体的信息披露、公司治理等规范运作情况进行监督检查的行为。

11.3 本规则第1.5条规定的监管对象违反本所业务规则或者其所作出的承诺的，本所可对其实施以下自律监管措施：

（一）口头警示；

（二）约见谈话；

（三）要求提交书面承诺；

（四）出具警示函；

（五）限期改正；

（六）要求公开更正、澄清或说明；

（七）要求公开致歉；

（八）要求限期参加培训或考试；

（九）要求限期召开投资者说明会；

（十）暂停解除上市公司控股股东、实际控制人的股票限售；

（十一）建议上市公司更换相关任职人员；

（十二）本所规定的其他自律监管措施。

11.4 保荐机构及其保荐代表人、证券服务机构及其相关人员违反本所业务规则的，本所可以实施本规则第11.3条第一至五项规定的自律监管措施。

11.5 发行人、上市公司、相关信息披露义务人及其相关人员违反本所业务规则或者其所作出的承诺的，本所视情节轻重给予以下纪律处分：

（一）通报批评；

（二）公开谴责；

（三）本所规定的其他纪律处分。

11.6 上市公司控股股东、实际控制人、董事、监事、高级管理人员违反本所业务规则或者其所作出的承诺的，本所视情节轻重给予以下纪律处分：

（一）通报批评；

（二）公开谴责；

（三）认定其不适合担任上市公司董事、监事、高级管理人员；

（四）本所规定的其他纪律处分。

11.7 保荐机构及其保荐代表人、证券服务机构及其相关人员出具的相关文件存在虚假记载、误导性陈述或者重大遗漏，或者存在违反本所业务规则或者其所作出的承诺的其他情形的，本所视情节轻重给予以下纪律处分：

（一）通报批评；

（二）公开谴责；

（三）暂不受理相关机构或其人员出具的文件；

（四）本所规定的其他纪律处分。

11.8 本所设立纪律处分委员会对涉及本规则第1.5条和第1.6条规定的监管对象的纪律处分事项进行审核，作出独立的专业判断并形成审核意见。

本所根据纪律处分委员会的审核意见，作出是否给予纪律处分的决定。

11.9 当事人对本所作出的相关纪律处分决定不服的，可以按照本所业务规则规定的受理范围和程序申请复核。

11.10 监管对象被本所实施自律监管措施或者纪律处分，本所要求其自查整改的，监管对象应当及时报送并按要求披露相关自查整改报告。

第十二章 释　　义

12.1 本规则下列用语的具体含义或计算方法如下：

（一）上市公司，是指股票及其衍生品种在本所上市的股份有限公司。

（二）高级管理人员，是指上市公司经理、副经理、董事会秘书、财务负责人及公司章程规定的其他人员。

（三）证券服务机构，是指为证券发行、上市、交易等证券业务活动制作、出具审计报告、资产评估报告、法律意见书、财务顾问报告、资信评级报告等文件的会计师事务所、资产评估机构、律师事务所、财务顾问机构、资信评级机构、投资咨询机构等。

（四）信息披露义务人，包括发行人，上市公司及其董事、监事、高级管理人员、股东、实际控制人，收购人及其相关人员，重大资产重组交易对方及其相关人员，破产管理人及其成员等。

（五）披露，是指上市公司或者其他信息披露义务人按法律法规、本规则和本所其他相关规定在符合《证券法》规定的信息披露平台上公告信息。

（六）及时，是指自起算日起或者触及本规则规定的披露时点的2个交易日内。

（七）承诺，是指上市公司就重要事项向公众或者监管部门所作的保证和相关解决措施；其他信息披露义务人就重要事项向上市公司、公众或者监管部门所作的保证和相关解决措施。

（八）实际控制人，是指通过投资关系、协议或者其他安排，能够支配、实际支配公司行为的自然人、法人或者其他组织。

（九）控股股东，是指其持有的股份占上市公司股本总额50%以上的股东；或者持有股份的比例虽然不足50%，但依其持有的股份所享有的表决权已足以对股东大会的决议产生重大影响的股东。

（十）控制，是指有权决定一个企业的财务和经营政策，并能据以从该公司的经营活动中获取利益。有下列情形之一的，为拥有上市公司控制权（有确凿证据表明其不能主导公司相关活动的除外）：

1. 为上市公司持股50%以上的控股股东；

2. 可以实际支配上市公司股份表决权超过30%；

3. 通过实际支配上市公司股份表决权能够决定公司董事会半数以上成员选任；

4. 依其可实际支配的上市公司股份表决权足以对公司股东大会的决议产生重大影响；

5. 中国证监会或者本所认定的其他情形。

（十一）上市公司控股子公司，是指上市公司合并报表范围内的子公司，即持有其50%以上股份，或者能够决定其董事会半数以上成员组成，或者通过协议或其他安排能够实际控制的公司。

（十二）关联方，是指上市公司的关联法人和关联自然人。

具有以下情形之一的法人或其他组织，为上市公司的关联法人：

1. 直接或者间接控制上市公司的法人或其他组织；

2. 由前项所述法人直接或者间接控制的除上市公司及其控股子公司以外的法人或其他组织；

3. 关联自然人直接或者间接控制的，或者担任董事、高级管理人员的，除上市公司及其控股子公司以外的法人或其他组织；

4. 直接或者间接持有上市公司5%以上股份的法人或其他组织；

5. 在过去12个月内或者根据相关协议安排在未来12个月内，存在上述情形之一的；

6. 中国证监会、本所或者上市公司根据实质重于形式的原则认定的其他与公司有特殊关系，可能或者已经造成上市公司对其利益倾斜的法人或其他组织。

上市公司与上述第2目所列法人或其他组织受同一国有资产管理机构控制的，不因此构成关联关系，但该法人或其他组织的董事长、经理或者半数以上的董事兼任上市公司董事、监事或高级管理人员的除外。

具有以下情形之一的自然人，为上市公司的关联自然人：

1. 直接或者间接持有上市公司5%以上股份的自然人；

2. 上市公司董事、监事及高级管理人员；

3. 直接或者间接地控制上市公司的法人的董事、监事及高级管理人员；

4. 上述第1、2目所述人士的关系密切的家庭成员，包括配偶、父母、年满18周岁的子女及其配偶、兄弟姐妹及其配偶，配偶的父母、兄弟姐妹，子女配偶的父母；

5. 在过去12个月内或者根据相关协议安排在未来12个月内，存在上述情形之一的；

中国证监会、本所或者上市公司根据实质重于形式原则认定的其他与上市公司有特殊关系，可能或者已经造成上市公司对其利益倾斜的自然人。

（十三）净资产，是指上市公司资产负债表列报的所有者权益；上市公司编制合并财务报表的为合并资产负债表列报的归属于母公司所有者权益，不包括少数股东权益。

（十四）净利润，是指归属于上市公司股东的净利润，不包括少数股东损益，并以扣除非经常性损益前后孰低者为计算依据。

（十五）加权平均净资产收益率，以扣除非经常性损益前后孰低者为计算依据，并根据中国证监会发布的《公开发行证券的公司信息披露编报规则第9号——净资产收益率和每股收益的计算及披露》规定计算。

（十六）经营活动产生的现金流量净额，是指公司现金流量表列报的经营活动产生的现金流量净额；公司编制合并财务报表的，为合并现金流量表列报的经营活动产生的现金流量净额。

（十七）公众股东，是指除以下股东之外的发行人股东：

1. 持有发行人10%以上股份的股东及其一致行动人；

2. 发行人董事、监事、高级管理人员及其关系密切的家庭成员，发行人董事、监事、高级管理人员直接或间接控制的法人或者其他组织。关系密切的家庭成员，包括配偶、子女及其配偶、父母及配偶的父母、兄弟姐妹及其配偶、配偶的兄弟姐妹、子女配偶的父母。

（十八）中小股东，是指除上市公司董事、监事、高级管理人员及其关联方，以及单独或者合计持有公司5%以上股份的股东及其关联方以外的其他股东。

（十九）特别表决权股份，是指上市公司依照《公司法》第一百三十一条的规定，在一般规定的普通股份之外，发行拥有特别表决权的其他种类的股份；每一特别表决权股份拥有的表决权数量大于每一普通股份拥有的表决权数量，其他股东权利与普通股份相同。

（二十）特别表决权股东，是指持有特别表决权股份的股东。

（二十一）特别表决权比例，是指全部特别表决权股份的表决权数量占上市公司全部已发行股份表决权数量的比例。

（二十二）普通表决权比例，是指全部普通股份的表决权数量占上市公司全部已发行股份表决权数量的比例。特别表决权股东所持股份不计入比例计算。

（二十三）非标准审计意见，是指注册会计师发表非无保留意见（包括保留意见、否定意见、无法表示意见），和带有解释性说明的无保留意见（包括带有强调事项段、持续经营重大不确定性段落、其他信息段落中包含其他信息未更正重大错报说明的无保留意见）。

（二十四）日常性关联交易，是指上市公司和关联方之间发生的购买原材料、燃料、动力，出售产品、商品，提供或者接受劳务等与日常经营相关的交易行为；公司章程中约定适用于本公司的日常关联交易类型。

（二十五）违规对外担保，是指上市公司及其控股子公司未经公司章程等规定的审议程序而实施的对外担保事项。

（二十六）连续 60 个交易日及连续 30 个交易日，不包括上市公司股票停牌日。

12.2 本规则所称净利润、营业收入、经营活动产生的现金流量净额、净资产等均指经审计的数值。

12.3 本规则中“以上”“达到”“以内”“以下”均含本数；“超过”“少于”“低于”不含本数。

12.4 本规则所称“元”，如无特指，均指人民币；“日”未注明交易日的，为自然日。

12.5 本规则未定义的用语的含义，依照国家有关法律、行政法规、部门规章、规范性文件及本所业务规则确定。

第十三章 附 则

13.1 本规则须经中国证监会批准后生效，修改时亦同。

13.2 本规则由本所负责解释。

13.3 本规则自 2021 年 11 月 15 日起施行。

北京证券交易所上市公司持续监管指引第 1 号——独立董事

【发布机关】北京证券交易所
【发文字号】北证公告〔2021〕14 号
【发布日期】2021 年 10 月 30 日

为了提升北京证券交易所（以下简称本所）上市公司治理水平，充分发挥独立董事作用，本所制定了《北京证券交易所上市公司持续监管指引第 1 号——独立董事》，现予以发布，自 2021 年 11 月 15 日起施行。

特此公告。

北京证券交易所
2021 年 10 月 30 日

第一章 总 则

第一条 为了进一步完善北京证券交易所（以下简称本所）上市公司治理结构，充分发挥公司独立董事作用，根据《中华人民共和国公司法》（以下简称《公司法》）、《中华人民共和国证券法》《北京证券交易所上市公司持续监管办法（试行）》以及《北京证券交易所股票上市规则（试行）》（以下简称《上市规则》）等相关规定，制定本指引。

第二条 本所上市公司应当遵守本指引的规定设立独立董事。

第三条 本指引所称独立董事，是指不在公司担任除董事及董事会专门委员会委员以外的其他职务，并与其所任职的上市公司及主要股东不存在可能妨碍其进行独立客观判断关系的董事。

第四条 独立董事对上市公司及全体股东负有诚信与勤勉义务。独立董事应当按照相关法律法规、部门规章、规范性文件、本所业务规则及公司章程的要求，认真履行职责，维护公司整体利益，尤其要关注中小股东的合法权益不受损害。独立董事应当独立履行职责，不受上市公司主要股东、实际控制人或者其他与上市公司存在利害关系的单位或个人的影响。

第五条 上市公司应当在公司章程中明确独立董事的权利、义务、职责及履职程序。

第二章 独立董事的任职资格

第六条 独立董事及独立董事候选人应当符合法律法规、部门规章、规范性文件及本所业务规则有关独立董事任职资格、条件和要求的相关规定。

第七条 上市公司独立董事的人数应当符合中国证券监督管理委员会（以下简称中国证监会）相关规定，其中应至少包括1名会计专业人士。

第八条 独立董事及独立董事候选人应当同时符合以下条件：

（一）具备上市公司运作相关的基本知识，熟悉相关法律法规、部门规章、规范性文件及本所业务规则；

（二）具有5年以上法律、经济、财务、管理或者其他履行独立董事职责所必需的工作经验；

（三）本所规定的其他条件。

第九条 以会计专业人士身份被提名为独立董事候选人的，应具备较丰富的会计专业知识和经验，并至少符合下列条件之一：

（一）具有注册会计师职业资格；

（二）具有会计、审计或者财务管理专业的高级职称、副教授及以上职称或者博士学位；

（三）具有经济管理方面高级职称，且在会计、审计或者财务管理等专业岗位有5年以上全职工作经验。

第十条 独立董事及独立董事候选人应当具有独立性，下列人员不得担任独立董事或被提名为独立董事候选人：

（一）在上市公司或者其控制的企业任职的人员及其直系亲属和主要社会关系；

（二）直接或间接持有上市公司1%以上股份或者是上市公司前10名股东中的自然人股东及其直系亲属；

（三）在直接或间接持有上市公司5%以上股份的股东单位或者在上市公司前5名股东单位任职的人员及其直系亲属；

（四）在上市公司控股股东、实际控制人及其控制的企业任职的人员；

（五）为上市公司及其控股股东、实际控制人或者其各自控制的企业提供财务、法律、咨询等服务的人员，包括但不限于提供服务的中介机构的项目组全体人员、各级复核人员、在报告上签字的人员、合伙人及主要负责人；

（六）在与上市公司及其控股股东、实际控制人或者其各自控制的企业有重大业务往来的单位担任董事、监事或者高级管理人员，或者在有重大业务往来单位的控股股东单位担任董事、监事或者高级管理人员；

（七）最近 12 个月内曾经具有前六项所列情形之一的人员；

（八）本所认定不具有独立性的其他人员。

前款第（四）项、第（五）项及第（六）项的上市公司控股股东、实际控制人控制的企业，不包括根据《上市规则》第 12.1 条规定，与上市公司不构成关联关系的企业。

第十一条 存在下列情形之一的，不得担任独立董事或被提名为独立董事候选人：

（一）存在《公司法》规定的不得担任董事、监事、高级管理人员的情形的；

（二）被中国证监会采取证券市场禁入措施，期限尚未届满的；

（三）被证券交易所或者全国中小企业股份转让系统有限责任公司（以下简称全国股转公司）采取认定其不适合担任公司董事、监事、高级管理人员的纪律处分，期限尚未届满的；

（四）最近 36 个月内因证券期货违法犯罪，受到中国证监会行政处罚或者司法机关刑事处罚的；

（五）因涉嫌证券期货违法犯罪，被中国证监会立案调查或者被司法机关立案侦查，尚未有明确结论意见的；

（六）最近 36 个月内受到证券交易所或者全国股转公司公开谴责或 3 次以上通报批评的；

（七）根据国家发改委等部委相关规定，作为失信联合惩戒对象被限制担任董事或独立董事的；

（八）在过往任职独立董事期间因连续 3 次未亲自出席董事会会议或者因连续 2 次未能出席也不委托其他董事出席董事会会议被董事会提请股东大会予以撤换，未满 12 个月的；

（九）本所规定的其他情形。

第十二条 在同一公司连续任职独立董事已满六年的，自该事实发生之日起 12 个月内不得被提名为该上市公司独立董事候选人。

前款规定的任职年限自公司在全国中小企业股份转让系统（以下简称全国股转系统）挂牌之日起计算。

第十三条 已在 5 家境内上市公司或全国股转系统挂牌公司担任独立董事的，不得再被提名为本所上市公司独立董事候选人。

第三章 独立董事的权利和义务

第十四条 为了保证独立董事有效行使职权，上市公司应当为独立董事提供必要的条件：

（一）上市公司应当保证独立董事享有与其他董事同等的知情权。凡须经董事会决策的事项，上市公司应当按法定的时间提前通知独立董事并同时提供足够的资料，独立董事认为资料不充分的，可以要求补充。当 2 名以上独立董事认为资料不充分或论证不明确时，可联名书面向董事会提出延期召开董事会会议或延期审议该事项的要求，董事会应予以采纳；

（二）上市公司应提供独立董事履行职责所必需的工作条件。上市公司信息披露负责人应积极为独立董事履行职责提供协助，如介绍情况、提供材料等。独立董事发表的独立意见、提案及书面说明应当公告的，上市公司应及时进行信息披露；

（三）独立董事行使职权时，上市公司有关人员应当积极配合，不得拒绝、阻碍或隐瞒，不得干预其独立行使职权；

（四）独立董事聘请中介机构的费用及其他行使职权时所需的费用由上市公司承担；

（五）上市公司应当给予独立董事适当的津贴。津贴的标准应当由董事会制订预案，股东大会审议通过，并在公司年报中进行披露。除上述津贴外，独立董事不应从该上市公司及其主要股东或有利害关系的机构和人员取得额外的、未予披露的其他利益；

（六）上市公司可以建立必要的独立董事责任保险制度，以降低独立董事正常履行职责可能引致的风险。

第十五条 上市公司独立董事除应当具有《公司法》和其他相关法律法规、部门规章、规范性文件及本所业务规则赋予董事的职权外，上市公司还应当赋予独立董事以下特别职权：

（一）需要提交股东大会审议的关联交易应当由独立董事认可后，提交董事会讨论。独立董事在作出判断前，可以聘请中介机构出具独立财务顾问报告；

（二）向董事会提议聘用或者解聘会计师事务所；

（三）向董事会提请召开临时股东大会；

（四）征集中小股东的意见，提出利润分配提案，并直接提交董事会审议；

（五）提议召开董事会；

（六）独立聘请外部审计机构和咨询机构；

（七）在股东大会召开前公开向股东征集投票权，但不得采取有偿或者变相有偿方式进行征集。

独立董事行使上述职权应当取得全体独立董事的 1/2 以上同意。

第十六条 独立董事应当对上市公司下述重大事项发表独立意见：

（一）提名、任免董事；

（二）聘任、解聘高级管理人员；

（三）公司董事、高级管理人员的薪酬；

（四）公司现金分红政策的制定、调整、决策程序、执行情况及信息披露，以及利润分配政策是否损害中小投资者合法权益；

（五）需要披露的关联交易、对外担保（不含对合并报表范围内子公司提供担保）、委托理财、对外提供财务资助、股票及其衍生品种投资等重大事项；

（六）变更募集资金用途、使用闲置募集资金投资理财产品、闲置募集资金暂时用于补充流动资金、超募资金用于永久补充流动资金和归还银行借款、以募集资金置换自筹资金等；

（七）重大资产重组、股份回购、股权激励和员工持股计划；

（八）承诺相关方变更承诺事项；

（九）因会计准则变更以外的原因作出会计政策、会计估计变更或重大会计差错更正；

（十）财务会计报告被会计师事务所出具非标准审计意见；

（十一）董事会因故无法对定期报告形成决议；

（十二）公司拟申请股票从本所退市、申请转板或向境外其他证券交易所申请股票上市；

（十三）独立董事认为有可能损害中小股东合法权益的事项；

（十四）有关法律法规、部门规章、规范性文件、本所业务规则及公司章程规定的其他事项。

第十七条 独立董事对上市公司重大事项出具的独立意见至少应当包括下列内容：

（一）重大事项的基本情况；

（二）发表意见的依据，包括所履行的程序、核查的文件、现场检查的内容等；

（三）重大事项的合法合规性；

（四）对上市公司和中小股东权益的影响、可能存在的风险以及公司采取的措施是否有效；

（五）发表的结论性意见。

独立董事发表的独立意见类型包括同意、保留意见及其理由、反对意见及其理由和无法发表意见及其障碍，所发表的意见应当明确、清楚。

对重大事项提出保留意见、反对意见或者无法发表意见的，相关独立董事应当明确说明理由。

独立董事应当对出具的独立意见签字确认，并将上述意见及时报告董事会，与公司相关公告同时披露。

第十八条 独立董事发现上市公司存在下列情形之一的，应当积极主动履行尽职调查义务并及时向本所报告，必要时应当聘请中介机构进行专项调查：

（一）重要事项未按规定提交董事会或股东大会审议；

（二）未及时履行信息披露义务且造成重大影响的；

（三）公开信息中存在虚假记载、误导性陈述或者重大遗漏；

（四）其他涉嫌违法违规或者损害中小股东合法权益的情形。

第十九条 出现下列情形之一的，独立董事应当及时向本所和上市公司所在地中国证监会派出机构报告：

（一）被公司免职，本人认为免职理由不当的；

（二）因上市公司存在妨碍独立董事依法行使职权的情形致使其辞职的；

（三）董事会会议材料不充分，2 名以上独立董事书面要求延期召开董事会会议或者延期审议相关事项的提议未被采纳的；

（四）向董事会报告公司或者其董事、监事、高级管理人员涉嫌违法违规行为后，董事会未采取有效措施的；

（五）严重妨碍独立董事履行职责的其他情形。

第二十条 独立董事应当向上市公司年度股东大会提交上一年度述职报告，述职报告最迟应当在发布召开年度股东大会通知时披露。述职报告应当包括以下内容：

（一）全年出席董事会方式、次数及投票情况，列席股东大会次数；

（二）发表独立意见的情况；

（三）现场检查情况；

（四）提议召开董事会、提议聘用或者解聘会计师事务所、独立聘请外部审计机构和咨询机构等情况；

（五）保护中小股东合法权益方面所做的其他工作；

（六）参加本所业务培训情况；

（七）被本所实施工作措施、自律监管措施或纪律处分等情况。

第四章 独立董事的备案与管理

第二十一条 独立董事候选人应当就其是否符合本指引有关独立董事任职资格及独立性要求作出声明。

上市公司董事会、监事会、单独或者合并持有上市公司 1% 以上股份的股东可以提名独立董事候选人。独立董事提名人应当就独立董事候选人任职资格及是否存在影响其独立性的情形进行审慎核实，并就核实结果做出声明。

第二十二条 上市公司最迟应当在发布召开关于选举独立董事的股东大会通知公告时，披露《独立董事提名人声明》《独立董事候选人声明》，并按照本所的要求报送独立董事备案的有关材料，包括《独立董事提名人声明》《独立董事候选人声明》《独立董事履历表》等文件。

第二十三条 上市公司董事会应当对监事会或公司股东提名的独立董事候选人的任职资格和独立性进行核查，发现候选人不符合相关要求的，应当要求提名人撤销对该独立董事候选人的提名，并及时披露。

第二十四条 本所在收到上市公司报送的材料后5个交易日内，根据本指引的规定，对独立董事候选人的任职资格和独立性进行备案审查。

上市公司董事会、独立董事候选人、独立董事提名人应当在规定时间内如实回复本所的反馈，并按要求及时向本所补充有关材料。未按要求及时回答问询或补充有关材料的，本所将根据现有材料在规定时间内进行审查并决定是否对独立董事候选人的任职资格和独立性提出异议。

本所自收到上市公司报送的材料之日起5个交易日内，未对独立董事候选人的任职资格提出异议的，上市公司可以履行决策程序选举独立董事。

对于本所提出异议的独立董事候选人，公司不得将其提交股东大会选举为独立董事，并应根据《上市规则》延期召开或者取消股东大会，或者取消股东大会相关提案。

上市公司召开股东大会选举独立董事时，公司董事会应当对独立董事候选人是否被本所提出异议的情况进行说明。

第二十五条 股东大会审议通过选举独立董事的提案后，上市公司应当在2个交易日内向本所报送《董事声明及承诺书》的电子文件。

独立董事任职需事前取得国家有关部门核准的，应当自取得核准之日起履行前款义务。

第二十六条 独立董事在任职后出现不符合本指引规定的独立董事任职资格情形的，应当自出现该情形之日起1个月内辞去独立董事职务；未按要求辞职的，上市公司应当在1个月期限到期后及时召开董事会，审议提请股东大会撤换该名独立董事事项。

第二十七条 如因独立董事辞职等原因，导致上市公司董事或独立董事人数不符合《公司法》等法律法规及中国证监会相关规定或公司章程要求的，提出辞职的独立董事应当继续履职至新任董事或独立董事产生之日。上市公司应当在两个月内完成董事或独立董事的补选。

第二十八条 对于下列独立董事未尽勤勉义务的行为，本所可以通过监管工作提示等方式对其进行提醒教育：

（一）任职期间连续2次未亲自出席董事会会议；

（二）任职期间最近12个月内未亲自出席董事会会议次数超过期间董事会会议总次数的1/2；

（三）披露的独立意见或年度述职报告内容不充分但情节轻微的；

（四）发表独立意见不及时但情节轻微的；

（五）其他未尽勤勉义务但情节轻微的行为。

第二十九条 上市公司、独立董事、独立董事提名人、董事、监事、高级管理人员、控股股东、实际控制人等相关主体违反本指引及相关规定的，本所可以对相关责任主体采取工作措施、自律监管措施或纪律处分。

第三十条 上市公司及其董事、监事、高级管理人员、股东、实际控制人等认为独立董事未按要求履职的，可以向本所报告。

第三十一条 本所组织独立董事的后续培训。

第五章 附 则

第三十二条 本指引下列用语具有如下含义：

（一）直系亲属，是指配偶、父母、子女；

（二）主要社会关系，是指兄弟姐妹、配偶的父母、子女的配偶、兄弟姐妹的配偶、配偶的兄弟姐妹；

（三）重大业务往来，是指根据《上市规则》或上市公司章程规定需提交股东大会审议的事项，或者本所认定的其他事项；

（四）任职，是指担任董事、监事、高级管理人员以及其他工作人员；

（五）本规则中“以上”含本数，“超过”不含本数。

第三十三条 本指引由本所负责解释。

第三十四条 本指引自2021年11月15日起施行。

相关附件

附件1：独立董事候选人声明（略）

附件2：独立董事提名人声明（略）

附件3：上市公司独立董事候选人履历表（略）

北京证券交易所上市公司持续监管指引第 2 号——季度报告

【发布机关】北京证券交易所

【发文字号】北证公告〔2021〕35 号

【发布日期】2021 年 11 月 2 日

为了规范北京证券交易所（以下简称本所）上市公司季度报告的编制和披露，本所制定了《北京证券交易所上市公司持续监管指引第 2 号——季度报告》，现予以发布，自 2021 年 11 月 15 日起施行。

特此公告。

北京证券交易所

2021 年 11 月 2 日

第一条 为了规范北京证券交易所（以下简称本所）上市公司季度报告的编制及信息披露行为，保护投资者合法权益，根据《中华人民共和国证券法》《北京证券交易所股票上市规则（试行）》（以下简称《上市规则》）等有关规定，制定本指引。

第二条 本所上市公司应当按照本指引的要求编制和披露季度报告。

第三条 本指引的规定是对公司季度报告信息披露的最低要求；凡是对投资者作出投资决策有重大影响的信息，不论本指引是否有明确规定，公司均应披露。

鼓励公司结合自身特点，以简明易懂的方式披露对投资者特别是中小投资者决策有用的信息，但披露的信息应当保持持续性和一致性，不得选择性披露。

第四条 公司季度报告中的财务会计报告可以不经审计，但中国证券监督管理委员会（以下简称中国证监会）、本所另有规定的除外。

第五条 由于国家秘密、商业秘密等特殊原因导致本指引规定的某些信息确实不便披露的，公司可以不予披露，但应当在相关部分详细说明未按本指引要求进行披露的原因。

中国证监会、本所认为需要披露的，公司应当披露。公司在编制和披露季度报告时应当严格遵守国家有关保密的法律法规，不得泄露国家保密信息。

第六条 公司董事、监事、高级管理人员对季度报告内容无异议并能够保证其真实性、准确性、完整性的，公司应在季度报告文本扉页刊登如下重要提示：公司董事、监事、高级管理人员保证本报告所载资料不存在虚假记载、误导性陈述或者重大遗漏，并对其内容的真实性、准确性和完整性承担个别及连带责任。

公司负责人、主管会计工作负责人及会计机构负责人（会计主管人员）应当声明并保证季度报告中财务会计报告的真实、准确、完整。

如有董事、监事、高级管理人员对季度报告内容存在异议或无法保证其真实、准确、完整的，应当声明××无法保证本报告内容的真实、准确、完整，并说明理由，请投资者特别关注。同时，单独列示未出席董事会审议季度报告的董事姓名及原因。

第七条 如季度报告中的财务会计报告已经审计并被出具非标准审计报告，重要提示中应当声明××会计师事务所为本公司出具了非无保留意见（保留意见、否定意见、无法表示意见），或带有解释性说明的无保留意见（带有强调事项段、持续经营重大不确定性段落、其他信息段落中包含其他信息未更正重大错报说明的无保留意见）的审计报告，本公司董事会、监事会对相关事项已有详细说明，请投资者注意阅读。

第八条 公司应采用数据列表方式，提供截至报告期末和上年期末（或年初至报告期末和上年同期）的主要会计数据和财务指标，包括但不限于：资产总计、归属于上市公司股东的净资产、资产负债率、营业收入、归属于上市公司股东的净利润、归属于上市公司股东的扣除非经常性损益后的净利润、经营活动产生的现金流量净额、每股收益、净资产收益率。

公司在披露“归属于上市公司股东的扣除非经常性损益后的净利润”时，应当同时说明报告期内非经常性损益的项目及金额。

第九条 报告期重要财务数据或指标变动达到或超过30%的，应当说明情况及主要原因。

因会计政策变更及会计差错更正等追溯调整或重述以前年度会计数据的，应当同时披露调整前后的数据。

第十条 公司应当披露本报告期期初、期末的普通股股本结构及截至报告期末的持有本公司5%以上股份股东的持股情况，并对持股5%以上的股东相互间关系及持股变动情况进行说明。如持股5%以上的股东少于10人，则应当列出至少前10名股东的持股情况。如所持股份中包括无限售条件股份、有限售条件股份、质押或司法冻结股份，应当分别披露其数量。

如公司报告期内存在存续至本期的优先股，应当披露前10名优先股股东和表决权恢复的优先股股东的持股情况。

第十一条 报告期内发生的或以前期间发生但延续到报告期的重大事项，可能对投资者决策或者公司股票及其他证券品种交易价格产生较大影响的，公司应当披露该重大事项的进展情况，并说明其影响和解决方案。公司已在临时报告披露且后续实施无变化的，仅需披露该事项概述，并提供所披露的临时报告的相关查询索引。

第十二条 公司应当注明财务会计报告是否已经审计。已经审计的，公司应当披露审计意见类型；若被注册会计师出具非标准审计报告，公司还应当披露审计报告正文。

第十三条 公司应当在季度报告中披露比较式资产负债表、比较式利润表和比较式现金流量表。编制合并报表的公司，除提供合并财务报表外，还应当提供母公司财务报表，但中国证监会另有规定的除外。

第十四条 公司及相关主体在季度报告披露中有违规行为的，本所依据《上市规则》等有关规定，对公司及相关责任主体采取工作措施、自律监管措施或纪律处分。

第十五条 本指引由本所负责解释。

第十六条 本指引自 2021 年 11 月 15 日起施行。

北京证券交易所上市公司持续监管指引第3号——股权激励和员工持股计划

【发布机关】北京证券交易所

【发文字号】北证公告〔2021〕36号

【发布日期】2021年11月02日

为了明确北京证券交易所（以下简称本所）上市公司股权激励和员工持股计划相关业务办理及信息披露要求，本所制定了《北京证券交易所上市公司持续监管指引第3号——股权激励和员工持股计划》，现予以发布，自2021年11月15日起施行。

特此公告。

北京证券交易所

2021年11月2日

第一章 总 则

第一条 为了规范北京证券交易所（以下简称本所）上市公司股权激励和员工持股计划相关业务办理及信息披露事项，根据《中华人民共和国公司法》（以下简称《公司法》）、《中华人民共和国证券法》（以下简称《证券法》）、《上市公司股权激励管理办法》（以下简称《管理办法》）、《北京证券交易所上市公司持续监管办法（试行）》（以下简称《持续监管办法》）、《关于上市公司实施员工持股计划试点的指导意见》（以下简称《指导意见》）、《北京证券交易所股票上市规则（试行）》（以下简称《上市规则》）等有关规定，制定本指引。

第二条 本所上市公司实施股权激励和员工持股计划相关事宜，适用本指引。本指引未作规定的，适用中国证券监督管理委员会（以下简称中国证监会）及本所其他相关规定。

本指引所称股权激励是指上市公司以本公司股票为标的，采用限制性股票、股票期权或者本所认可的其他方式，对董事、高级管理人员及其他员工（以下简称激励对象）进行的长期性激励。

本指引所称员工持股计划是指上市公司根据员工意愿，通过合法方式使员工获得本公司股票并长期持有，股份权益按约定分配给员工的制度安排。

第三条 上市公司可以采用回购、向特定对象发行、股东自愿赠与及其他法律法规、部门规章允许的方式实施股权激励或员工持股计划。

第四条 任何人不得利用股权激励和员工持股计划进行内幕交易、操纵证券市场等违法活动。

第五条 上市公司实施股权激励和员工持股计划，应当符合《公司法》《管理办法》《持续监管办法》《指导意见》《上市规则》、本指引和公司章程等规定，有利于上市公司的持续发展，不得损害上市公司利益。

第六条 为上市公司股权激励和员工持股计划出具意见的证券服务机构和人员，应当诚实守信、勤勉尽责，保证所出具的文件真实、准确、完整。

第二章 股权激励

第一节 股权激励计划的审议及披露

第七条 上市公司董事会应当就股权激励计划草案等事项作出决议并披露，拟作为激励对象或与激励对象存在关联关系的董事应当回避表决。股权激励计划草案的内容应当符合《管理办法》《持续监管办法》《上市规则》和本指引等相关规定。

第八条 上市公司监事会及独立董事应当就股权激励计划是否有利于上市公司持续发展，是否存在明显损害上市公司及全体股东利益的情形发表意见。

第九条 上市公司实施股权激励，属于《管理办法》《持续监管办法》《上市规则》规定的应当聘请独立财务顾问情形的，上市公司应当聘请独立财务顾问。

除上述情形外，监事会或独立董事认为有必要的，可以建议上市公司聘请独立财务顾问，对股权激励计划的可行性、是否有利于上市公司的持续发展、是否损坏上市公司利益以及对股东利益的影响发表专业意见。上市公司未按照建议聘请独立财务顾问的，应当就此事项作特别说明并与股权激励计划草案一并披露。

第十条 上市公司董事会审议通过股权激励计划的，应当及时披露董事会决议公告，并同时披露股权激励计划草案、监事会意见、独立董事意见等。

第十一条 股权激励计划草案披露后，上市公司应当及时发出召开股东大会的通知。

上市公司在发出召开股东大会的通知时，独立董事应当就股权激励计划向所有股东征集委托投票权，同时披露独立董事关于公开征集委托投票权的报告书。

第十二条 上市公司应当在不晚于发出召开股东大会通知时披露法律意见书；聘请独

立财务顾问的，还应同时披露独立财务顾问报告。

第十三条　上市公司应当在召开股东大会前，通过公司网站或者其他途径，将经董事会审议通过的激励名单向全体员工公示，公示期不少于10个自然日。

第十四条　上市公司监事会应当充分听取公示意见，在公示期满后对激励名单进行审核。上市公司应当在股东大会审议股权激励计划前5个自然日披露监事会对激励名单审核及公示情况的说明公告，包括激励对象名单的公示途径、公示期、公司内部人员提出异议等情况。

第十五条　上市公司股东大会应当就股权激励计划等事项作出决议，并经出席会议的股东所持表决权的2/3以上通过，拟作为激励对象或与激励对象存在关联关系的股东应当回避表决。股东大会决议公告中应当包括中小股东单独计票结果。

第十六条　上市公司应当至迟在股东大会决议公告披露的同时披露内幕信息知情人在股权激励计划草案公告前6个月内买卖本公司股票及其衍生品种情况的自查报告，并说明是否存在内幕交易行为。

第十七条　上市公司股权激励计划存在预留权益的，董事会应当在股权激励计划经股东大会审议通过后的12个月内确认预留权益的激励对象，并参照首次授予权益的要求披露；超过12个月未明确激励对象的，上市公司应当及时披露预留权益失效的公告。

第十八条　上市公司实施股权激励，应当合理确定限制性股票授予价格或股票期权行权价格，并在股权激励计划草案中对定价依据和定价方式进行说明。

限制性股票授予价格低于市场参考价的50%，或者股票期权行权价格低于市场参考价的，上市公司应当聘请独立财务顾问对股权激励计划的可行性、相关定价依据和定价方法的合理性、是否有利于公司持续发展、是否损害股东利益等发表意见。

第二节　限制性股票的授予、解除限售及回购注销

第十九条　股权激励计划规定有获授权益条件的，上市公司应当在获授权益条件成就后5个交易日内召开董事会审议激励对象获授事宜，并在披露董事会决议公告的同时披露限制性股票授予公告。

股权激励计划未规定获授权益条件的，上市公司应当在披露审议股权激励计划的股东大会决议公告后5个交易日内召开董事会审议激励对象获授事宜，并在披露董事会决议公告的同时披露限制性股票授予公告。

股权激励计划规定不得成为激励对象的情形，不视为本条所称获授权益条件。

第二十条　上市公司监事会、独立董事、独立财务顾问（如有）应当就激励对象获授权益条件是否成就发表意见，律师事务所应当对激励对象获授权益的条件是否成就出具法律意见书，并与董事会决议公告同时披露。

第二十一条　上市公司向股权激励对象授出权益与股权激励计划的安排存在差异时，

监事会、独立董事、律师事务所、独立财务顾问（如有）应当就差异情形发表意见，并与限制性股票授予公告或限制性股票授予结果公告同时披露。

第二十二条 上市公司应当在股权激励计划经股东大会审议通过后（有获授权益条件的，自条件成就日起算）60个自然日内授出权益并完成公告、登记等相关程序。

上市公司未能在60个自然日内完成前述工作的，应当及时披露未完成的原因，并宣告终止实施股权激励，自公告之日起3个月内不得再次审议股权激励计划。

上市公司不得在法律法规、部门规章及本所业务规则规定的禁止上市公司董事、高级管理人员买卖本公司股票期间向激励对象授予限制性股票。

上市公司不得授出权益的期间不计入本条规定的60个自然日期限内。

第二十三条 激励对象按照股权激励计划支付限制性股票价款后，上市公司应当在符合《证券法》规定的会计师事务所完成验资后的5个交易日内，向本所提交《限制性股票授予登记申请表》（附件1）及要求的其他文件。经本所确认后，上市公司应当在取得确认文件后的5个交易日内向中国证券登记结算有限责任公司北京分公司（以下简称中国结算）申请办理股票登记手续，并在完成股票登记后的2个交易日内披露限制性股票授予结果公告。

第二十四条 在限制性股票解除限售的条件成就后，上市公司应当在5个交易日内召开董事会审议解除限售事宜，并在披露董事会决议公告的同时披露限制性股票解除限售条件成就公告。

第二十五条 上市公司监事会、独立董事、独立财务顾问（如有）应当就解除限售条件是否成就发表意见，律师事务所应当对解除限售条件是否成就出具法律意见书，并与董事会决议公告同时披露。

第二十六条 上市公司应当在董事会决议公告披露后5个交易日内，向本所提交《限制性股票解除限售申请表》（附件2）及要求的其他文件。经本所确认后，上市公司应当在取得确认文件后的5个交易日内向中国结算申请办理解除限售手续，并根据股票解除限售相关规定披露限制性股票解除限售公告。

法律法规、部门规章、本所业务规则对相关股票限售安排另有规定的，上市公司应当按照相关规定办理。

第二十七条 上市公司出现股权激励计划规定的应当回购注销限制性股票情形的，董事会应当及时审议限制性股票回购注销方案，并依法将回购股份方案提交股东大会批准。

上市公司应当在披露董事会决议公告的同时披露拟对已授予限制性股票回购注销的公告。

第二十八条 限制性股票回购注销方案内容包括但不限于回购原因、回购价格及定价依据、回购对象、拟回购股份的种类及数量、拟用于回购的资金总额和资金来源、回购后公司股本结构的变动情况及对公司业绩的影响等。

第二十九条　上市公司监事会、独立董事应当就是否出现限制性股票回购注销的情形发表意见，律师事务所应当就回购注销安排的合法合规性出具法律意见书，并与董事会决议公告同时披露。

上市公司应当在股东大会审议通过限制性股票回购注销方案之日起10个自然日内通知债权人，并于30个自然日内在报纸上刊登公告。

第三十条　上市公司应当在审议限制性股票回购注销方案的股东大会决议公告披露后5个交易日内，向本所提交《限制性股票回购注销申请表》（附件3）及要求的其他文件。经本所确认后，上市公司应当在取得确认文件后的5个交易日内向中国结算申请办理限制性股票回购注销手续，并在完成限制性股票注销后的2个交易日内披露回购注销完成暨股份变动公告。

第三节　股票期权的授予、行权及注销

第三十一条　股权激励计划规定有获授权益条件的，上市公司应当在获授权益条件成就后5个交易日内召开董事会审议激励对象获授事宜，并在披露董事会决议公告的同时披露股票期权授予公告。

股权激励计划未规定获授权益条件的，上市公司应当在披露审议股权激励计划的股东大会决议公告后5个交易日内召开董事会审议激励对象获授事宜，并在披露董事会决议公告的同时披露股票期权授予公告。

股权激励计划规定不得成为激励对象的情形，不视为本条所称获授权益条件。

第三十二条　上市公司监事会、独立董事、独立财务顾问（如有）应当就激励对象获授权益条件是否成就发表意见，律师事务所应当对激励对象获授权益的条件是否成就出具法律意见书，并与董事会决议公告同时披露。

第三十三条　上市公司向股权激励对象授出权益与股权激励计划的安排存在差异时，监事会、独立董事、律师事务所、独立财务顾问（如有）应当就差异情形发表意见，并与股票期权授予公告或股票期权授予结果公告同时披露。

第三十四条　上市公司应当在股权激励计划经股东大会审议通过后（有获授权益条件的，自条件成就日起算）60个自然日内授出权益并完成公告、登记等相关程序。

上市公司未能在60个自然日内完成上述工作的，应当及时披露未完成的原因，并宣告终止实施股权激励，自公告之日起3个月内不得再次审议股权激励计划。

第三十五条　上市公司应当在授予公告披露后的5个交易日内，向本所提交《股票期权授予登记申请表》（附件4）及要求的其他文件。经本所确认后，上市公司应当在取得确认文件后的5个交易日内向中国结算申请办理登记手续，并在完成股票期权登记后的2个交易日内披露股票期权授予结果公告。

第三十六条 股票期权证券代码首三位代码为850，股票期权证券简称首四位字符从公司股票证券简称中选取，后四位字符按照期数依次为“JLC1”“JLC2”等。

第三十七条 激励对象按照股权激励计划支付行权价款后，上市公司应当在符合《证券法》规定的会计师事务所完成验资后的5个交易日内，向本所提交《股票期权行权申请表》（附件5）及要求的其他文件。经本所确认后，上市公司应当在取得确认文件后的5个交易日内向中国结算申请办理股票登记手续，并根据新增股份登记的相关规定披露股票期权行权结果公告。

激励对象不得在法律法规、部门规章、本所业务规则规定的禁止上市公司董事、高级管理人员买卖本公司股票期间内行权。

第三十八条 出现股权激励计划规定的应当注销股票期权情形的，上市公司应当及时召开董事会审议相关事宜，并在披露董事会决议公告的同时披露股票期权注销公告。

第三十九条 上市公司应当在审议期权注销的董事会决议公告披露后5个交易日内，向本所提交《股票期权注销申请表》（附件6）及要求的其他文件。经本所确认后，上市公司应当在取得确认文件后的5个交易日内向中国结算申请办理期权注销手续，并在完成股票期权注销后的2个交易日内披露股票期权注销完成公告。

第四节 股权激励计划的调整、变更和终止

第四十条 股权激励计划存续期内，因标的股票发生除权除息等原因，按照股权激励计划规定的方式对获授权益的数量、价格等要素进行调整的，应当在权益分派实施公告披露后及时召开董事会审议调整事宜，无须提交股东大会审议。上市公司应当在董事会审议通过后2个交易日内披露股权激励计划调整公告，同时披露律师事务所意见。

股票期权涉及调整的，上市公司在履行相应审议程序及信息披露义务后，应当及时向本所提交《股票期权调整申请表》（附件7）及要求的其他文件，申请办理股票期权调整手续。

股票期权授予前涉及多次调整的，上市公司可以在办理股票期权的授予手续时，一并办理股票期权调整手续；授予后涉及多次调整的，上市公司可以在办理股票期权的行权手续时，一并办理股票期权调整手续。

第四十一条 上市公司对尚未经股东大会审议通过的股权激励计划草案进行变更的，应当召开董事会审议变更事宜并披露。

上市公司对已经股东大会审议通过的股权激励计划草案进行变更的，应当召开董事会、股东大会审议变更事宜并披露。

本指引所称激励计划的变更是指股份来源、限制性股票授予或期权行权价格、业绩考核指标及本所规定的其他内容发生变更。

第四十二条 上市公司应当在披露审议变更事宜的董事会决议公告同时，披露变更后

的股权激励计划草案。

第四十三条 上市公司监事会、独立董事应当就变更后的股权激励计划草案是否有利于上市公司持续发展，是否存在明显损害上市公司及全体股东利益的情形发表意见。

律师事务所应当就变更后的股权激励计划草案是否符合法律法规、部门规章及本指引相关规定，是否存在明显损害上市公司及全体股东利益的情形出具法律意见书。

上市公司应当在披露董事会决议公告的同时披露监事会、独立董事意见及法律意见书。

第四十四条 上市公司终止实施尚未经股东大会审议通过的股权激励计划的，应当召开董事会审议终止事宜并披露。

上市公司终止实施已经股东大会审议通过的股权激励计划的，应当经董事会、股东大会审议通过并披露。监事会、独立董事、律师事务所应当就是否存在明显损害上市公司及全体股东利益的情形发表意见，并与董事会决议公告同时披露。

上市公司应当在披露审议通过终止实施股权激励议案的董事会决议公告的同时，披露关于终止实施股权激励计划的公告，内容包括但不限于终止实施股权激励的原因、股权激励已实施情况、股权激励对象已获授权益后续处理安排、终止实施股权激励对上市公司的影响等。

第四十五条 上市公司终止实施股权激励计划后，应当根据相关法律法规、部门规章及本指引相关规定，办理授出权益的回购注销。

第三章　员工持股计划

第四十六条 上市公司董事会应当就员工持股计划等事项作出决议，拟参与员工持股计划或与参与员工存在关联关系的董事应当回避表决。员工持股计划草案的内容应当符合《指导意见》等相关规定。

第四十七条 上市公司监事会应当就员工持股计划是否有利于上市公司持续发展，是否损害上市公司及全体股东利益，是否以摊派、强行分配等方式强制员工参加员工持股计划发表意见。

第四十八条 上市公司董事会审议通过员工持股计划草案的，应当及时披露董事会决议公告、监事会意见、独立董事意见及与资产管理机构签订的资产管理协议（如有）。

全部有效的员工持股计划所持有的股票总数累计不得超过公司股本总额的10%，单个员工所获股份权益对应的股票总数累计不得超过公司股本总额的1%。

第四十九条 上市公司应当在召开股东大会之前通过公司职工代表大会等方式就员工持股计划向公司员工征求意见。

第五十条 上市公司监事会应当对拟参与对象进行核实，就拟参与对象是否符合员工持股计划规定的参与条件等事项发表意见。

第五十一条 上市公司应当在相关股东大会现场会议召开的 2 个交易日前披露员工持股计划的法律意见书。法律意见书内容包括但不限于员工持股计划及其相关事项是否合法合规、是否已履行必要的决策和审批程序、是否已按照中国证监会和本所相关规定履行信息披露义务、员工持股计划一致行动关系认定的合法合规性。

第五十二条 上市公司股东大会应当就员工持股计划等事项作出决议，并经出席会议的股东所持表决权过半数通过，股东大会决议公告中应当包括中小股东单独计票结果。

拟参与员工持股计划或与参与员工存在关联关系的股东应当回避表决。员工持股计划为委托管理型的，且拟选任的资产管理机构为公司股东或股东关联方的，相关主体也应回避表决。

第五十三条 上市公司应当在股东大会审议通过员工持股计划 2 个交易日内披露最终审议通过的员工持股计划。

第五十四条 以回购为股份来源的，应当在股东大会审议通过设立员工持股计划且回购实施完毕后，及时向本所提交《员工持股计划股票划转确认申请表》（附件 8）及要求的其他文件。经本所确认后，上市公司应当在取得确认文件后的 5 个交易日内向中国结算申请办理划转手续，并在过户完成后的 2 个交易日内披露员工持股计划股票过户登记完成公告。

第五十五条 上市公司通过竞价交易、大宗交易等方式实施员工持股计划的，上市公司明确的员工持股计划管理方或委托的资产管理机构应当在股东大会审议通过员工持股计划后 6 个月内，根据员工持股计划的安排，完成标的股票的购买。

上市公司应当每月月末汇总披露 1 次购买进展公告，公告内容应当包括购买股票的时间、数量、价格、方式等情况。

上市公司应当在员工持股计划完成全部股票购买后的 2 个交易日内披露员工持股计划股票购买完成公告。

第五十六条 以股东自愿赠与作为员工持股计划股票来源的，上市公司应当在相关赠与合同生效后的 5 个交易日内，向本所提交《员工持股计划股票划转确认申请表》（附件 8）及要求的其他文件。经本所确认后，上市公司应当在取得确认文件后的 5 个交易日内向中国结算申请办理相关手续，并在过户完成后的 2 个交易日内披露员工持股计划股票过户登记完成公告。股东自愿赠与的股票应当为其所持无权利限制的无限售条件的流通股。

第五十七条 以向特定对象发行作为员工持股计划股份来源的，上市公司应当按照法律法规、部门规章、本所业务规则等相关规定办理并履行信息披露义务。

第五十八条 员工持股计划存续期内，发生下列情形之一的，应当及时披露：

（一）员工持股计划变更、提前终止，或者相关当事人未按照约定实施员工持股计划的；

（二）员工持股计划持有人之外的第三人对员工持股计划的股票和资金提出权利主张的；

（三）员工持股计划锁定期届满；

（四）出现单个员工所获份额对应的股票总数累计达到公司股本总额的1%的；

（五）员工持股计划中约定第三方为员工参加持股计划提供的奖励、资助、补贴、兜底等安排，第三方未能如期兑现的；

（六）本所认定的其他情形。

第五十九条　上市公司变更、终止员工持股计划，应当按照员工持股计划的约定经董事会或者股东大会审议通过。

第六十条　上市公司应当在员工持股计划届满前6个月的首个交易日，披露该员工持股计划到期时拟持有的股票数量。

第六十一条　员工持股计划约定有限售安排，或者法律法规、部门规章、规范性文件及本所业务规则对相关股票限售安排另有规定的，上市公司应当按照相关规定办理。

第四章　日常监管

第六十二条　本所对上市公司及相关信息披露义务人的信息披露文件和申请文件进行审查，发现存在问题的，可以采用要求说明、公开问询等方式，要求上市公司及相关信息披露义务人、独立财务顾问和其他证券服务机构等相关主体进行解释、说明、更正和补充，相关主体应当及时回复，并保证回复内容的真实、准确、完整。

第六十三条　上市公司及相关主体在股权激励和员工持股计划中有违规行为的，本所可以对上市公司及相关责任主体采取工作措施、自律监管措施或纪律处分。

第五章　附　　则

第六十四条　本指引所称的市场参考价是指股权激励计划草案公布前1个交易日、20个交易日、60个交易日或120个交易日股票交易均价孰高者。交易均价按股票交易总额除以股票交易总量计算，且不包含大宗交易。

第六十五条　本指引由本所负责解释。

第六十六条　本指引自2021年11月15日起施行。

相关附件

附件1：上市公司股权激励计划限制性股票授予登记申请表（2）（略）

附件2：上市公司股权激励计划限制性股票解除限售申请表（略）

附件 3：上市公司股权激励计划限制性股票回购注销申请表（略）

附件 4：上市公司股权激励计划股票期权授予登记申请表（略）

附件 5：上市公司股权激励计划股票期权行权申请表（略）

附件 6：上市公司股权激励计划股票期权注销申请表（略）

附件 7：上市公司股权激励计划股票期权调整申请表（略）

附件 8：上市公司员工持股计划股票划转确认申请表（略）

北京证券交易所上市公司持续监管指引第4号——股份回购

【发布机关】北京证券交易所

【发文字号】北证公告〔2021〕37号

【发布日期】2021年11月02日

为了规范北京证券交易所（以下简称本所）上市公司股份回购行为，保护投资者和上市公司合法权益，本所制定了《北京证券交易所上市公司持续监管指引第4号——股份回购》，现予以发布，自2021年11月15日起施行。

特此公告。

北京证券交易所

2021年11月2日

第一章 总 则

第一条 为了引导和规范上市公司回购股份行为，维护证券市场秩序，保护投资者和上市公司合法权益，明确股份回购业务办理要求，根据《中华人民共和国公司法》（以下简称《公司法》）、《中华人民共和国证券法》（以下简称《证券法》）及《北京证券交易所股票上市规则（试行）》（以下简称《上市规则》）等有关规定，制定本指引。

第二条 在北京证券交易所（以下简称本所）上市的公司，以下列方式回购本公司股份（以下简称回购股份），适用本指引：

（一）以竞价方式回购股份（以下简称竞价回购）；

（二）以要约方式回购股份（以下简称要约回购）；

（三）在符合本指引规定的情形下向特定对象回购股份（以下简称定向回购）。

第三条 上市公司回购股份，应当符合《公司法》《证券法》《上市规则》、本指引和公司章程的规定，有利于公司的持续发展，不得损害股东和债权人的合法权益，并严格履行相应的决策程序和信息披露义务。

上市公司回购股份用于股权激励或者员工持股计划、转换上市公司发行的可转换为股票的公司债券、维护公司价值及股东权益所必需的，合计持有的本公司股份数不得超过本公司已发行股份总额的10%，并应当在发布回购结果公告后3年内转让或者注销。

第四条 上市公司根据《公司法》第一百四十二条第一款第六项情形回购股份的，应当符合以下条件之一：

（一）公司股票收盘价格低于最近一期每股净资产；

（二）连续20个交易日内公司股票收盘价格跌幅累计达到30%；

（三）中国证券监督管理委员会（以下简称中国证监会）规定的其他条件。

第五条 上市公司回购股份，应当真实、准确、完整、及时、公平地披露信息，不得有虚假记载、误导性陈述或者重大遗漏。

第六条 上市公司回购股份，应当充分关注公司的债务履行能力和持续经营能力，审慎制定、实施回购股份方案，回购股份的规模、价格等应当与公司的实际财务状况相匹配。

第七条 任何人不得利用上市公司回购股份从事内幕交易、操纵市场和利益输送等活动。

第八条 上市公司回购股份应当使用在中国证券登记结算有限责任公司（以下简称中国结算）开立的上市公司回购专用证券账户（以下简称回购专户）。回购专户只能用于买卖本公司股份。

上市公司不得使用公司普通证券账户买卖本公司股份。

第九条 上市公司回购专户中的股份，不享有股东大会表决权、利润分配、配股、质押等权利。

第十条 上市公司在回购期间不得发行股份募集资金，但依照有关规定发行优先股的除外。

第二章 竞价回购

第一节 一般规定

第十一条 上市公司实施竞价回购应当符合以下条件：

（一）回购股份后，公司具备债务履行能力和持续经营能力；

（二）回购股份后，公司的股权分布原则上应当符合上市条件；公司拟通过回购股份终止其股票上市交易的，应当符合相关规定；

（三）中国证监会规定的其他条件。

第十二条 上市公司可以使用下列资金回购股份：

（一）自有资金；

（二）发行优先股、债券募集的资金；

（三）发行普通股取得的超募资金、募投项目结余资金和已依法变更为永久补充流动资金的募集资金；

（四）金融机构借款；

（五）其他合法资金。

第十三条　上市公司应当合理安排回购规模和回购资金，并在回购股份方案中明确拟回购股份数量或者资金总额的上下限，且下限不得低于上限的 50%。

第十四条　竞价回购的价格上限原则上不应高于董事会审议通过回购股份决议前 30 个交易日（不含停牌日）交易均价的 200%；确有必要超过这一上限的，应当在回购股份方案中充分说明其合理性。

第十五条　上市公司在下列期间不得回购股份：

（一）上市公司定期报告、业绩预告或者业绩快报披露前 10 个交易日内；

（二）自可能对本公司股票交易价格产生重大影响的重大事项发生之日或者在决策过程中，至依法披露后 2 个交易日内；

（三）中国证监会和本所规定的其他情形。

上市公司因维护公司价值及股东权益所必需而实施股份回购并减少注册资本的，不适用前款规定。

第十六条　上市公司应当合理发出回购股份的申报指令，防范发生内幕交易及其他不公平交易行为，不得利用回购股份操纵本公司股价或者进行利益输送，不得实施异常交易行为，不得影响股票交易正常秩序。

上市公司不得在交易日的 9:15 至 9:30、14:30 至 15:00，无涨跌幅限制的交易日内进行回购股份的申报。

上市公司回购股份的申报价格不得为公司股票当日交易涨幅限制的价格。

第十七条　上市公司应当合理安排每日回购股份数量，因《公司法》第一百四十二条第一款第一、三、五项情形回购股份的，每 5 个交易日回购股份的数量，不得超过首次回购股份事实发生之日前 5 个交易日公司股票累计盘中成交量的 25%，但每 5 个交易日回购数量不超过 60 万股的除外。

第十八条　竞价回购的实施期限不超过 12 个月，自董事会或股东大会（如须）审议通过回购股份决议之日起算。

上市公司因维护公司价值及股东权益所必需回购股份的，回购实施期限自股东大会或者董事会审议通过最终回购股份方案之日起不超过 3 个月。

第十九条　上市公司股东及其一致行动人，董事、监事、高级管理人员（以下简称董监高）在上市公司回购股份期间减持股份的，应当遵守中国证监会和本所关于股份减持的相关规定。

上市公司根据《公司法》第一百四十二条第一款第六项情形回购股份的，其控股股东、实际控制人及其一致行动人和董监高自公司首次披露回购股份事项之日起至发布回购结果公告期间，不得直接或间接减持本公司股份。

第二节　实施程序和信息披露

第二十条　上市公司董事会在审议通过回购股份决议后，应当及时披露董事会决议和回购股份方案。

回购股份用于股权激励或者员工持股计划，用于转换上市公司发行的可转换为股票的公司债券，或因维护公司价值及股东权益所必需而回购的，可以依照公司章程的规定或者股东大会的授权，回购股份方案经2/3以上董事出席的董事会决议通过后无须再提交股东大会审议。上市公司股东大会对董事会作出授权的，应当在提交股东大会审议的授权议案及股东大会决议中明确授权的具体情形和授权期限等内容。

上市公司因维护公司价值及股东权益所必需而回购的，应当在本指引第四条规定的相关事实发生之日起10个交易日内，召开董事会审议回购股份方案。

第二十一条　回购股份方案应当包括以下内容：

（一）回购股份的目的；

（二）回购股份的方式；

（三）回购股份的价格或价格区间、定价原则及合理性；

（四）拟回购股份的数量及占总股本的比例，上市公司回购股份拟用于多种用途的，应当分别载明不同用途所对应的拟回购股份数量、比例及资金金额；

（五）拟用于回购的资金总额及资金来源；

（六）回购股份的实施期限；

（七）预计回购后公司股本及股权结构的变动情况；

（八）管理层关于本次回购股份对公司财务状况、债务履行能力、持续经营能力及维持上市地位等可能产生的影响分析；

（九）回购股份的后续处理；

（十）防范侵害债权人利益的相关安排；

（十一）公司最近12个月是否存在受到中国证监会及其派出机构行政处罚或刑事处罚情形的说明；若存在，说明是否影响公司的债务履行能力和持续经营能力；

（十二）公司控股股东、实际控制人最近12个月内是否存在因交易违规受到本所限制证券账户交易的自律监管措施或纪律处分，因内幕交易或操纵市场受到中国证监会及其派出机构行政处罚或刑事处罚情形的说明；

（十三）上市公司应当披露向董监高、持股5%以上的股东、控股股东、实际控制人及其一致行动人问询其回购期间减持计划的具体情况，包括拟卖出股份的数量和减持原因等，并披露相关股东的回复。相关股东未回复的，公司应当在公告中提示可能存在的减持风险；

（十四）股东大会对董事会办理本次回购股份事宜的具体授权（如有）；

（十五）中国证监会和本所要求披露的其他内容。

存在前款第十二项情形的，公司控股股东、实际控制人应当出具不利用上市公司回购股份从事内幕交易、操纵市场和利益输送等违法违规活动的公开承诺，并与回购股份方案同时披露。

上市公司根据《公司法》第一百四十二条第一款第六项情形回购股份，拟用于减少注册资本或者出售的，应当在回购方案中明确披露拟用于减少注册资本或者出售的回购股份数量或者资金总额。回购方案中未明确披露用于出售的，已回购股份不得出售。

第二十二条 上市公司独立董事应当在充分了解相关信息的基础上，就回购股份事宜发表独立意见。独立董事意见应当包括以下内容：

（一）公司回购股份是否符合《公司法》《证券法》等相关规定；

（二）结合回购股份的目的、股价表现、公司价值分析等因素，说明回购的必要性；

（三）结合公司的经营、财务、研发、资金状况及回购股份所需资金和来源等因素，说明回购股份方案的合理性、可行性；

（四）其他应当说明的事项。

第二十三条 上市公司应当在披露回购股份方案后5个交易日内，披露董事会公告回购股份决议的前1个交易日登记在册的前十大股东和前十大无限售条件股东的名称及持股数量、比例。

回购方案需经股东大会决议的，上市公司应当在股东大会召开前3个交易日，披露股东大会的股权登记日登记在册的前十大股东和前十大无限售条件股东的名称及持股数量、比例。

第二十四条 回购股份情况复杂、涉及重大问题专业判断的，上市公司可以聘请财务顾问、律师事务所、会计师事务所等证券服务机构就相关问题出具专业意见，并与回购股份方案一并披露。

第二十五条 存在本指引第二十一条第一款第十一、十二项情形的，上市公司还应当聘请律师事务所就相关违法违规情形是否已消除、是否影响公司的债务履行能力和持续经营能力等出具法律意见书，并与回购股份方案同时披露。

第二十六条 上市公司应当在董事会审议通过回购股份决议披露之日起的10个交易日内，通过内幕信息知情人报备系统或本所规定的其他方式，向本所提交下列内幕消息知情人报备文件（附件 1）：

（一）内幕信息知情人登记表；

（二）相关人员买卖上市公司股票的自查报告，自查期间为董事会决议公告披露之日的前 6 个月；

（三）进程备忘录；

（四）上市公司全体董事对内幕信息知情人报备文件真实性、准确性和完整性的承诺书；

（五）本所要求的其他文件。

第二十七条 本所对自查期间上市公司股票交易情况进行核查，发现明显异常的，可以要求上市公司提交股票交易情况说明。

上市公司决定继续推进本次股份回购事项的，应采取措施消除相关事项对上市公司的影响；无法完全消除的，上市公司应当就股票交易存在明显异常，可能被中国证监会立案调查或司法机关立案侦查，而导致本次股份回购事项出现终止情形披露特别风险提示公告。上市公司聘请的律师事务所对公司股票交易情况是否涉嫌内幕交易、是否会影响本次股份回购发表明确意见。

上市公司自主决定终止本次股份回购事项的，应当按照本指引第三十三条要求履行相关程序，并及时发布终止公告披露终止原因。

第二十八条 回购股份以减少注册资本等情形，回购股份方案应当提交股东大会审议，并经出席会议的股东所持表决权的 2/3 以上通过。

第二十九条 回购股份以减少注册资本的，上市公司应当在股东大会审议通过回购股份决议后，按照《公司法》相关规定通知债权人，并及时披露通知情况。

第三十条 上市公司应当在董事会或股东大会（如须）审议通过回购股份方案后，按照中国结算有关规定申请开立回购专户，并按照回购股份方案开始实施回购。

第三十一条 上市公司股份回购期间，应当在以下时间披露回购进展情况公告，并在各定期报告中披露回购进展情况：

（一）首次回购股份事实发生后，应当在 2 个交易日内披露；

（二）已回购股份占上市公司总股本的比例每增加 1% 的，应当在事实发生后 2 个交易日内披露；

（三）每个月的前 2 个交易日内，应当披露截至上月末的回购进展情况。

回购进展情况公告应当包括公告前已回购股份数量、占总股本及拟回购总数量的比例、回购的最高价和最低价、已支付的总金额等。

公告期间上市公司无须停止回购行为。

第三十二条 上市公司在回购实施期限过半仍未实施回购的，应当及时披露未能实施回购的原因和后续回购安排，说明是否存在利用回购信息进行市场操纵或内幕交易的情形。

第三十三条 上市公司回购股份方案披露后，无充分正当事由不得变更或者终止。

因公司生产经营、财务状况发生重大变化，回购方案已无法履行或者履行将不利于维护上市公司权益等原因，确需变更或者终止的，应当按照公司制定本次回购股份方案的决策程序提交董事会或者股东大会审议，并及时披露变更或终止回购股份方案的公告。公告内容应当包括拟变更或者终止的原因、变更的事项内容，说明变更或者终止的合理性、必要性和可行性，以及可能对公司债务履行能力、持续经营能力及股东权益等产生的影响。

上市公司回购股份用于注销的，不得变更为其他用途。

第三十四条 回购期间，上市公司实施权益分派的，应当对回购价格上限、回购规模等进行相应调整，并在权益分派实施公告披露的同时披露因权益分派导致调整回购方案的提示性公告，说明因公司权益分派对回购方案进行调整的具体安排，包括调整后的价格上限、回购规模等。

第三十五条 回购实施期限届满或者回购方案已实施完毕的，上市公司应当停止回购行为，及时披露回购结果公告。

回购结果公告应当包括以下内容：

（一）回购实施情况，包括实际回购股份的价格、数量、比例、使用资金总额，并与回购股份方案相应内容进行对照，存在差异的，应当作出解释；

（二）说明本次回购股份对公司的影响；

（三）董监高、持股5%以上的股东、控股股东、实际控制人及其一致行动人在回购期间卖出所持公司股票的情况及理由。

第三十六条 回购实施期限届满，上市公司未实施回购或回购规模未达下限的，应当及时披露，说明未实施回购或回购规模未达下限的原因、公司为实施回购所做的准备工作情况，以及是否存在虚假信息披露、利用回购信息进行市场操纵或内幕交易的情形。

上市公司未实施回购的，应及时向中国结算申请注销回购专户。

第三十七条 回购股份以减少注册资本的，上市公司应当在披露回购结果公告后及时向本所提交回购股份注销申请（附件2），以及中国结算出具的回购专户持股数量查询证明。

经本所审查无异议的，上市公司应当按照中国结算有关规定办理股份注销手续。

股份注销完成后，上市公司应当及时披露回购股份注销完成暨股份变动公告，并按有关规定办理工商变更登记手续。

第三十八条 上市公司因维护公司价值及股东权益所必需而回购股份的，可以按照本章规定在发布回购结果公告12个月后采用竞价交易方式减持，但下列期间除外：

（一）上市公司定期报告、业绩预告或者业绩快报公告前10个交易日内；

（二）自可能对本公司股票交易价格产生重大影响的重大事项发生之日或者在决策过程中，至依法披露后2个交易日内；

（三）中国证监会和本所规定的其他情形。

第三十九条 上市公司采用竞价交易方式减持已回购股份所得的资金应当用于主营业务，不得通过直接或者间接安排用于新股配售、申购，或者用于股票及其衍生品种、可转换公司债券等交易。

第四十条 上市公司拟采用竞价交易方式减持已回购股份的，应当经董事会审议通过，并在首次卖出股份的15个交易日前进行减持预披露。

前款规定的减持预披露应当至少公告以下内容：

（一）减持回购股份的董事会决议；

（二）减持的原因、目的和方式；

（三）拟减持的数量及占总股本的比例；

（四）减持的价格区间；

（五）减持的实施期限（每次披露的减持时间区间不得超过6个月）；

（六）减持所得资金的用途及具体使用安排；

（七）预计减持完成后公司股权结构的变动情况；

（八）管理层关于本次减持已回购股份对公司经营、财务及未来发展影响等情况的说明；

（九）上市公司董监高、持股5%以上的股东、控股股东、实际控制人及其一致行动人在董事会作出减持决议前6个月内买卖本公司股份的情况；

（十）中国证监会和本所要求披露的其他内容。

第四十一条 上市公司采用竞价交易方式减持已回购股份的，应当遵守下列要求：

（一）不得在交易日的9:15至9:30、14:30至15:00进行减持申报；

（二）申报价格不得为公司股票当日交易跌幅限制的价格；

（三）每日减持的数量不得超过减持预披露日前20个交易日日均盘中成交量的25%，但每日减持数量不超过10万股的除外；

（四）中国证监会和本所规定的其他要求。

第四十二条 上市公司采用竞价交易方式减持已回购股份期间，应当在以下时间及时发布减持进展情况公告，并在各定期报告中披露减持进展情况：

（一）首次减持已回购股份事实发生后，应当在2个交易日内披露；

（二）减持已回购股份占上市公司总股本的比例每增加1%的，应当在事实发生后2个交易日内披露；

（三）每个月的前 2 个交易日内，应当披露截至上月末的减持进展情况。

减持进展情况公告应当包括公告前已减持股份数量及占公司总股本的比例、减持最高价和最低价、减持均价、减持所得资金总额等。

公告期间上市公司无须停止减持行为。

第四十三条 上市公司采用竞价交易方式减持已回购股份，减持期限届满或者减持计划已实施完毕的，上市公司应当停止减持行为，并在 2 个交易日内发布减持结果公告。

上市公司应当在减持结果公告中，将实际减持已回购股份数量、比例、减持所得资金总额与减持计划相应内容进行对照，就减持执行情况与减持计划的差异作出解释，并就本次减持对公司的影响作出说明。

第四十四条 回购股份用于股权激励、员工持股计划、转换上市公司发行的可转换为股票的公司债券、维护公司价值及股东权益所必需的，所回购股份的后续处理，按照《公司法》、中国证监会和本所的相关规定办理。

前款情形中，上市公司已回购股份未按照披露的用途处理，按照《公司法》规定持有期限届满的，应当予以注销。相关事项按照本指引第二十八条、第二十九条和第三十七条的规定办理。

第三章 要约回购

第一节 一般规定

第四十五条 上市公司实施要约回购，应当公平对待公司所有股东。

第四十六条 上市公司实施要约回购，应当符合本指引第十一条至第十三条、第十五条、第十八条、第十九条的规定。

要约回购的要约期限不得少于 30 个自然日，且不得超过 60 个自然日。

第四十七条 要约回购应当以固定价格实施，且符合本指引第十四条的规定。

第四十八条 上市公司应当采用现金方式支付要约回购股份的价款。

第二节 实施程序和信息披露

第四十九条 上市公司实施要约回购，应当按照本指引第二十条至第二十九条的规定履行相关程序及信息披露义务。其中，回购股份方案除应当载明本指引第二十一条规定的内容外，还应当包括对股东同意接受回购要约（以下简称预受要约）及撤回预受要约方式和程序等事项的说明。

第五十条 上市公司应当在董事会或股东大会（如须）审议通过回购股份方案后，按照中国结算有关规定申请开立回购专户并及时办理履约保证手续，取得履约保证证明文件。

履约保证金不少于拟回购总金额的 20%。

第五十一条 上市公司应当在开立回购专户并办理履约保证手续后，向本所申请要约回购证券代码（以下简称回购要约代码），并提交以下文件：

（一）要约回购证券代码申请表（附件 3）；

（二）履约保证证明文件；

（三）国家相关部门的批准文件及律师出具的专项核查意见（如有）；

（四）本所要求提交的其他文件。

本所对回购要约代码申请文件进行确认后，向上市公司发放回购要约代码。上市公司应当在取得回购要约代码的次一交易日披露要约回购开始接受申报的提示性公告，内容应包括回购要约代码、预定回购股份数量及比例、回购价格、要约期限等。要约期限自公告披露的次一交易日起算。

第五十二条 要约回购证券代码首三位代码为 841。

第五十三条 要约回购证券简称首四位字符从公司股票证券简称中选取，后四位字符为“回购”。

第五十四条 要约期限内，上市公司应当至少披露 3 次投资者可预受要约的提示性公告，内容应包括预定回购股份数量及比例、回购价格、要约期限等，提示投资者关注回购机会。上市公司应当根据要约期限合理安排提示性公告的披露时点。

第五十五条 预受要约和撤回预受要约、股份的临时保管和解除临时保管及其他相关事项，参照本所、中国结算关于要约收购的相关规定办理。

第五十六条 要约期限内的每个交易日开市前，上市公司应将中国结算确认有效的已预受要约的股份数量等情况在本所网站披露（附件 4、附件 5）。

第五十七条 要约期限开始前，符合本指引第三十三条回购股份方案变更或者终止情形的，上市公司可以按照本指引第三十三条的规定变更或者终止回购股份方案。要约期限开始后，上市公司不得变更或终止回购股份方案。

第五十八条 回购期间，上市公司实施权益分派的，应当按照本指引第三十四条的规定对回购要约的价格、数量等进行相应调整。

回购要约调整后，原预受要约申报继续有效，股东如拟将权益分派的全部或部分新增股份售予上市公司的，应当另行申报预受要约。

第五十九条 回购实施期限过半，上市公司要约期限仍未开始的，应当按照本指引第三十二条的规定履行相关信息披露义务。

第六十条 要约期限届满，上市公司应当及时向中国结算申请查询预受要约结果，并于要约期限届满后的 2 个交易日内披露查询结果，说明预受要约股份情况、回购价款的缴纳安排等。

要约期限届满，股东预受要约的股份数量超出预定回购的股份数量的，上市公司应当按照相同比例回购股东预受的股份；股东预受要约的股份数量不足预定回购的股份数量的，上市公司应当全部回购股东预受的股份。

第六十一条 上市公司应当在要约期限届满后的2个交易日内，按照中国结算相关规定完成回购资金的足额缴纳，并取得回购价款缴款证明。

第六十二条 上市公司应当在取得缴款证明后的2个交易日内，向本所申请划转预受要约股份，并提交下列文件：

（一）预受要约股份划转申请表（附件6）；

（二）回购价款缴款证明；

（三）预受要约股份查询结果；

（四）本所要求提交的其他材料。

本所确认后，向中国结算出具预受股份划转确认书。

第六十三条 过户登记完成后，上市公司应当按照本指引第三十五条的规定披露回购结果公告。

第六十四条 披露回购结果公告后，上市公司应当按照本指引相关规定办理后续事宜。

第四章 定向回购

第六十五条 有下列情形之一的，上市公司可以根据相关回购条款或有关规定向本所申请办理定向回购：

（一）上市公司发行股份购买资产、重组上市（涉及股份发行），发行对象对标的资产有业绩承诺，因标的资产未完成业绩承诺，上市公司根据相关回购条款回购发行对象所持股份；

（二）上市公司出现股权激励计划规定的应当回购注销限制性股票情形的，上市公司根据相关回购条款或有关规定，回购激励对象所持股份；

（三）法律法规规定或者中国证监会、本所规定的其他情形。

相关回购条款是指在已公开披露的招股说明书、发行情况报告书、重大资产重组报告书、股权激励计划或其他相关文件中载明的触发回购情形的相关条款。

第六十六条 上市公司因本指引第六十五条第一款第二项规定的情形回购股份的，按照《北京证券交易所持续监管指引第3号——股权激励和员工持股计划》和本所其他相关规定办理。

除本指引第六十五条第一款第二项规定的情形外，上市公司定向回购股份，应当按照本指引第二十条、第二十八条、第二十九条的规定履行相应审议程序和信息披露义务。

第六十七条 定向回购股份方案应当包括以下内容：

（一）回购的依据、触发回购情形的说明；

（二）回购对象、价格、数量、占总股本的比例，回购金额及拟用于回购的资金来源；

（三）预计回购后公司股本及股权结构的变动情况，及本次回购对公司财务状况、债务履行能力和持续经营能力的影响；

（四）防范侵害债权人利益的相关安排；

（五）其他应说明的事项。

第六十八条 律师事务所应当就回购股份方案是否符合法律、行政法规、本指引的规定，股权激励计划的安排出具专业意见。根据本指引第六十五条第一款第一项规定的情形进行回购的，上市公司聘请的财务顾问也应一并出具专业意见。

第六十九条 上市公司应当在董事会或股东大会（如须）审议通过定向回购股份方案后，向本所提交定向回购股份过户并注销申请（附件 7），并按照中国结算有关规定申请开立回购专户。

本所经审查无异议的，上市公司应当按照中国结算有关规定办理股份过户和注销手续。

股份注销完成后，上市公司应当及时披露回购股份注销完成暨股份变动公告，并按有关规定办理工商变更登记手续。

第五章 日常监管

第七十条 本所对上市公司及相关信息披露义务人的信息披露文件和申请文件进行审查，发现存在问题的，可以采用要求说明、公开问询等方式，要求上市公司及相关信息披露义务人、财务顾问和其他证券服务机构等相关主体进行解释、说明、更正和补充，相关主体应当及时回复，并保证回复内容的真实、准确、完整。

上市公司未按照本指引及本所其他相关规定披露回购股份信息，且未按照本所要求解释、说明、更正和补充的，本所可以要求其暂停或者终止回购股份活动。

本所对回购专户及股份回购行为进行监察。

第七十一条 上市公司及相关主体在股份回购中有违规行为的，本所可以对上市公司及相关责任主体采取工作措施、自律监管措施或纪律处分。

第六章 附 则

第七十二条 计算上市公司已回购股份占公司总股本的比例时，总股本以公司最近一次公告的总股本为准，不扣减回购专用账户中的股份。

第七十三条 本指引所规定的交易均价按照董事会审议通过回购股份决议前 30 个交易日（不含停牌日）的股票交易总额除以股票交易总量计算，且不包含大宗交易。

第七十四条　本指引由本所负责解释。

第七十五条　本指引自 2021 年 11 月 15 日起施行。

相关附件

附件 1：内幕信息知情人报备文件及要求（略）

附件 2：××××公司注销回购股份申请表（略）

附件 3：要约回购证券代码申请表（略）

附件 4：预受要约股份情况公告授权书（略）

附件 5：上市公司预受要约股份情况公告表（略）

附件 6：预受要约股份划转申请表（略）

北京证券交易所上市公司持续监管指引第 5 号——要约收购

【发布机关】北京证券交易所

【发文字号】北证公告〔2021〕38 号

【发布日期】2021 年 11 月 02 日

为了规范以要约方式收购北京证券交易所（以下简称本所）上市公司股份的行为，明确要约收购业务办理要求和操作流程，本所制定了《北京证券交易所上市公司持续监管指引第 5 号——要约收购》，现予以发布，自 2021 年 11 月 15 日起施行。

特此公告。

北京证券交易所

2021 年 11 月 2 日

第一条 为了规范以要约方式收购北京证券交易所（以下简称本所）上市公司股份的行为，明确要约收购业务办理要求和操作流程，根据《中华人民共和国证券法》（以下简称《证券法》）、《上市公司收购管理办法》（以下简称《收购管理办法》）、《公开发行证券的公司信息披露内容与格式准则第 55 号——北京证券交易所上市公司权益变动报告书、上市公司收购报告书、要约收购报告书、被收购公司董事会报告书》（以下简称《55 号准则》）、《北京证券交易所股票上市规则（试行）》等有关规定，制定本指引。

第二条 投资者根据《证券法》《收购管理办法》的规定以全面要约或部分要约方式收购上市公司股份的，适用本指引。

第三条 本所对要约收购相关信息披露文件进行审查，对收购人及相关中介机构报送、提交的材料进行完备性核对。

第四条 收购人以要约方式收购上市公司股份的，应当按照《收购管理办法》《55 号准则》的规定编制并披露要约收购报告书摘要、要约收购报告书等文件，聘请财务顾问和律师事务所分别出具专业意见和法律意见书并披露。

收购人应当通知被收购公司，通过被收购公司报送及披露要约收购报告书摘要、要约收购报告书等相关文件。

第五条 被收购公司收到要约收购报告书摘要、要约收购报告书等相关文件后，应当按照本指引的规定及时披露。

第六条 被收购公司收到要约收购报告书摘要后，应当在2个交易日内予以披露。收购人在披露要约收购报告书摘要的同时，应当向本所报送以下文件：

（一）要约收购报告书；

（二）财务顾问专业意见和法律意见书；

（三）本所要求报送的其他文件。

第七条 收购人应当按照规定填写内幕信息知情人报备文件，保证内幕信息知情人报备文件的真实、准确和完整，并及时送达被收购公司。

被收购公司应当按照规定填写上市公司内幕信息知情人报备文件，做好各方报备文件的汇总，并在要约收购报告书摘要披露后的10个交易日内，通过内幕信息知情人报备系统或本所规定的其他方式，提交下列内幕信息知情人报备文件（见附件1）：

（一）内幕信息知情人登记表；

（二）相关人员买卖被收购公司股票的自查报告，自查期间为披露要约收购报告书摘要的前6个月；

（三）进程备忘录；

（四）收购人及被收购公司全体董事对内幕信息知情人报备文件真实性、准确性和完整性的承诺书；

（五）本所要求的其他文件。

第八条 本所对自查期间上市公司股票交易情况进行核查，发现明显异常的，可以要求上市公司提交股票交易情况说明。

收购人决定继续推进收购事项的，应采取措施消除相关事项对上市公司的影响；无法完全消除的，上市公司应就股票交易存在明显异常，可能被中国证监会立案调查或司法机关立案侦查，而导致收购被中止或者终止的情况披露特别风险提示公告。上市公司聘请的律师应对公司股票交易情况是否涉嫌内幕交易、是否会影响本次收购发表明确意见。收购人自主决定终止本次收购事项的，应当履行相应决策程序，并及时发布终止公告披露终止原因。

第九条 收购人应当在披露要约收购报告书摘要后的2个交易日内，按照中国证券登记结算有限责任公司（以下简称中国结算）相关规定及时办理履约保证手续，取得履约保证证明文件。

第十条 收购人应当在取得履约保证证明文件后，向本所申请要约收购证券代码，并提交以下文件：

（一）要约收购证券代码申请表（见附件 2）；

（二）履约保证证明文件；

（三）对要约收购报告书、财务顾问专业意见和法律意见书等文件的反馈回复及修订稿（如有）；

（四）国家相关部门的批准文件及律师出具的专项核查意见（如有）；

（五）本所要求提交的其他文件。

第十一条 本所对要约收购证券代码申请文件进行确认后，向收购人发放要约收购证券代码，并通知收购人披露要约收购报告书。

要约收购证券代码首三位代码为 840。要约收购证券简称首四位字符从上市公司股票证券简称中选取，后四位字符为“收购”。

第十二条 收购人应当于收到本所通知后的次一交易日将要约收购证券代码补充至要约收购报告书中并予以披露，同时应当披露要约收购开始接受申报的提示性公告及财务顾问专业意见、法律意见书等文件。

第十三条 收购人应当在披露要约收购报告书摘要后，积极推进要约收购进程。收购人自报送要约收购报告书等文件起 60 个自然日内，未披露要约收购报告书等文件的，收购人应当在期满后的次一交易日通知被收购公司，并予以公告。其后每 30 个自然日应当披露 1 次进展情况，直至披露要约收购报告书等文件。

第十四条 收购人披露要约收购报告书摘要后，在披露要约收购报告书之前，拟自行取消要约收购计划或未取得国家相关部门批准的，应当在作出取消收购计划的决定或收到不予批准决定后，及时通知被收购公司，并公告收购计划取消的具体原因。自公告之日起 12 个月内，收购人不得再次对同一上市公司进行收购。

第十五条 要约收购期限自收购人披露要约收购报告书后的次一交易日开始计算。收购期限不得少于 30 个自然日，且不得超过 60 个自然日，但出现竞争要约的除外。

收购人应当安排在要约收购期限起算日开始预受要约或撤回预受要约的申报。

第十六条 同意接受收购要约的股东（以下简称预受股东）应当在要约收购期限内每个交易日的 9:15 至 11:30、13:00 至 15:00 通过交易系统办理预受要约的申报或撤回。

预受要约的申报要素包括：要约收购证券代码、被收购公司证券代码、证券账户、申报数量、股份性质、业务类别等（预受要约申报或撤回预受要约申报）。

在要约收购期限届满 3 个交易日前，预受股东可撤回已申报的预受要约；在要约收购期限届满前 3 个交易日内，预受股东仅可撤回当日申报的预受要约。

股东用于申报预受要约的股份应当无限售条件，但本次要约收购以终止被收购公司股票上市为目的以及中国证监会、本所认可的其他情形除外。

第十七条　要约收购期限内的每个交易日开市前，收购人应将中国结算北京分公司确认有效的已预受要约的股份数量等情况在本所网站披露（见附件 3 和附件 4）。

第十八条　要约收购期限内，收购人应当至少发布 3 次提示股东进行申报预受的公告，包括：要约收购的股份性质、预定收购股份数量及比例、要约类型、收购价格、收购期限等。

收购人应当根据要约收购期限合理安排提示性公告的披露时点。

第十九条　要约收购报告书所披露的基本事实发生重大变化的，收购人应当通知被收购公司并及时披露公告，说明变化情况、原因及对本次要约收购的影响等。

要约收购报告书披露前，要约收购报告书摘要所披露的基本事实发生重大变化的，收购人应当在要约收购报告书中进行说明。

前款所述基本事实，是指除本指引第二十一条第三款规定情形外的其他基本情况。

第二十条　被收购公司董事会应当在要约收购报告书等文件披露后的 20 个自然日内，根据《55 号准则》编制并披露董事会报告书，同时披露独立财务顾问的专业意见。

第二十一条　收购人在要约收购期限开始计算前变更收购要约的，应当披露拟变更收购要约的提示性公告，说明拟变更内容、原因及对本次要约收购的影响。财务顾问、律师事务所就变更原因及事项是否影响本次要约收购发表的专门意见也应一并披露。

收购人应当重新编制要约收购报告书，连同财务顾问专业意见和律师事务所出具的法律意见书在提示性公告披露当日一并报送本所。

本指引所称的收购要约变更，是指本次要约收购类型、预定收购股份数量、性质、价格、期限、生效条件及本所规定的其他内容发生变更。

第二十二条　收购人在要约收购期限内变更收购要约的，应及时披露拟变更收购要约的提示性公告，内容包括：

（一）变更前的要约收购及进展情况简述；

（二）变更收购要约的具体情况及原因；

（三）收购要约因变更而中止执行的期间及预受股份的处理；

（四）应当履行的相应审议程序及取得国家相关部门批准的情况（如有）；

（五）变更要约申请需经本所确认；

（六）本所要求的其他内容。

收购人应当一并披露财务顾问和律师就本次收购要约变更的合规性、合理性分别发表的专门意见。

第二十三条　在要约收购期限内变更收购要约的，应当在披露收购要约变更提示性公告的同时，向本所报送以下文件：

（一）变更收购要约申请表（见附件 5）；

（二）收购要约因变更而中止执行的申请；

（三）变更收购要约后重新编制的要约收购报告书；

（四）变更收购要约后财务顾问和律师事务所重新出具的专业意见；

（五）本所要求报送的其他材料。

收购人应同时向被收购公司提供前款第三、四项文件。

收购人报送变更收购要约申请文件的次一交易日，收购要约中止执行。中止执行期间交易系统仅接受预受股东撤回预受要约的申报。中止执行期间不计入要约收购期限。

第二十四条 因收购要约变更导致收购资金数额发生变化的，收购人应当按照本指引第九条规定重新办理相关手续。

第二十五条 变更收购要约申请文件经本所确认后，收购人应当披露重新编制的要约收购报告书等文件，变更后的要约收购期限自披露后的首个交易日开始计算。

经本所确认变更收购要约后，原预受要约申报不再有效，相应股份的临时保管自动解除。被收购公司股东如接受变更后的收购要约，应当重新申报。

第二十六条 收购人在要约收购期限内变更收购要约的，被收购公司董事会应当在变更后要约收购报告书等文件披露的 3 个交易日内，披露董事会及独立财务顾问就要约条件的变更情况出具的补充意见。

第二十七条 拟发出竞争要约的收购人应当于初始要约收购期限届满 15 个自然日前，按照《收购管理办法》及本指引的规定，履行信息披露义务，办理相关手续。

出现竞争要约时，原预受要约申报继续有效。股东如拟将全部或部分预受股份售予竞争要约人，应当撤回相应股份的预受要约后另行申报。

第二十八条 被收购公司实施权益分派导致收购要约相应调整的，收购人应当在被收购公司权益分派实施公告披露的次一交易日披露因权益分派导致调整收购要约的提示性公告，说明因公司权益分派对收购要约进行调整的具体安排，包括调整后价格、股份数量等。

收购要约调整后，原预受要约申报继续有效，股东如拟将权益分派的全部或部分新增股份售予收购人的，应当另行申报预受要约。

第二十九条 要约收购期限届满后的次一交易日至披露要约收购查询结果期间，被收购公司股票及其他证券品种应当停牌。

被收购公司应及时向本所申请股票于要约收购期限届满后的次一交易日起停牌，经本所同意后，于期限届满当日披露要约期限届满和公司股票停牌的公告。

第三十条 收购人应当在要约收购期限届满后的次一交易日，向中国结算北京分公司申请查询预受要约结果，并于要约收购期限届满后的 3 个交易日内披露查询结果，说明预受要约股份情况、收购价款的缴纳情况等。

被收购公司应当在查询结果公告披露的当日向本所申请股票及其他证券品种复牌，本所另有规定的除外。

第三十一条　收购人应当在要约收购期限届满后的3个交易日内，按照中国结算相关规定完成收购资金的足额缴纳，并向本所申请划转预受要约股份，申请时应提交下列文件：

（一）预受要约股份划转申请表（见附件6）；

（二）收购价款缴款证明；

（三）预受要约股份查询结果；

（四）终止挂牌申请相关文件（如有）；

（五）本所要求提交的其他材料。

本所确认后，向中国结算北京分公司出具预受股份划转确认书。

第三十二条　收购人应当于股份过户完成后的2个交易日内，披露本次要约收购划转结果，公告内容包括：

（一）要约收购基本情况，即收购目的、收购股份性质、股份数量及比例、收购价格、收购的支付方式、收购期限等；

（二）要约收购的实施情况，即要约收购期限内收购人、被收购公司董事会等相关主体的各项义务履行情况；

（三）要约收购股份过户结果；

（四）股份过户完成后被收购公司的股权分布情况；

（五）本所要求披露的其他内容。

第三十三条　被收购公司第一大股东或实际控制人在本次要约收购完成后发生变动的，公司应当按照相关规定履行信息披露义务。

本次要约收购完成后，被收购公司股票退市的，按照本所相关规定办理。

第三十四条　收购人、财务顾问、律师事务所、被收购公司等相关主体在要约收购活动中有违规行为的，本所可以对收购人、上市公司及相关责任主体采取工作措施、自律监管措施或纪律处分。

第三十五条　本指引由本所负责解释。

第三十六条　本指引自2021年11月15日起施行。

相关附件

附件1：内幕信息知情人报备文件及要求（略）

附件2：要约收购证券代码申请表（略）

附件 3：预受要约股份情况公告授权书（略）

附件 4：上市公司预受要约股份情况公告表（略）

附件 5：变更收购要约申请表（略）

附件 6：预受要约股份划转申请表（略）

北京证券交易所上市公司持续监管指引第6号——内幕信息知情人管理及报送

【发布机关】北京证券交易所

【发文字号】北证公告〔2021〕39号

【发布日期】2021年11月02日

为了规范北京证券交易所（以下简称本所）上市公司内幕信息知情人管理及报送，督促上市公司加强内幕信息管理，本所制定了《北京证券交易所上市公司持续监管指引第6号——内幕信息知情人管理及报送》，现予以发布，自2021年11月15日起施行。

特此公告。

北京证券交易所

2021年11月2日

第一条 为了规范北京证券交易所（以下简称本所）上市公司内幕信息知情人管理及报送行为，督促上市公司加强内幕信息管理，防控内幕交易风险，根据《中华人民共和国证券法》（以下简称《证券法》）、《上市公司信息披露管理办法》以及《北京证券交易所股票上市规则（试行）》（以下简称《上市规则》）等有关规定，制定本指引。

第二条 上市公司管理及报送内幕信息知情人相关信息，适用本指引。

第三条 本指引所称内幕信息知情人，是指《证券法》所规定的有关人员。

第四条 本指引所称内幕信息，是指《证券法》所规定的，涉及上市公司的经营、财务或者对上市公司股票及其他证券品种交易价格有重大影响的尚未公开的信息。

第五条 上市公司应当按照《证券法》《上市公司信息披露管理办法》《上市规则》等相关规定，建立内幕信息知情人登记管理制度，对内幕信息的保密管理及内幕信息知情人的登记报送等作出规定。

内幕信息知情人登记管理制度中应当包括对上市公司下属各部门、分公司、控股子公司及上市公司能够对其实施重大影响的参股公司的内幕信息管理的内容，明确上述主体的内部报告义务、报告程序和有关人员的信息披露职责。

内幕信息知情人登记管理制度中应当明确内幕信息知情人的保密义务、违反保密规定的责任和通过签订保密协议、禁止内幕交易告知书等必要方式将上述事项告知有关人员等内容。

第六条 内幕信息知情人应当积极配合上市公司做好内幕信息知情人报送工作，真实、准确、完整地填写相关信息，并及时向上市公司报送内幕信息知情人档案相关材料，送达时间不得晚于内幕信息公开披露的时间。内幕信息知情人档案相关材料应当按照规定要求进行填写，并由内幕信息知情人进行确认。

第七条 上市公司应当保证所填报内幕信息知情人档案相关材料的真实、准确、完整，并向全部内幕信息知情人通报有关法律法规对内幕信息知情人的相关规定。上市公司全体董事应当对内幕信息知情人档案相关材料的真实、准确、完整出具书面承诺。

第八条 上市公司董事会应当按照本指引要求及时登记和报送内幕信息知情人档案相关材料。董事长为主要责任人，董事会秘书负责办理上市公司内幕信息知情人的登记入档和报送事宜。监事会应当对内幕信息知情人报送工作进行监督。

第九条 保荐机构、财务顾问、律师事务所等证券服务机构应当明确告知内幕信息知情人相关报送规定及相应法律责任，督促、协助上市公司核实内幕信息知情人档案相关材料的真实、准确和完整并及时完成报送。

第十条 本所可以根据相关规定、中国证券监督管理委员会（以下简称中国证监会）要求及客观需要，对内幕信息知情人的股票交易情况进行核查。

第十一条 上市公司披露以下重大事项的，应当按照本指引等本所相关规定及时报备内幕信息知情人档案相关材料：

（一）年度报告、中期报告；

（二）证券发行；

（三）股份回购；

（四）重大资产重组；

（五）公司被收购；

（六）公司合并、分立；

（七）申请转板或向境外其他证券交易所申请股票上市；

（八）中国证监会和本所规定的其他重大事项。

上市公司实施股权激励计划、权益分派等事项的，也应做好内幕信息知情人登记管理工作。

第十二条 上市公司应当在年度报告和中期报告披露后的10个交易日内，通过内幕信息知情人报备系统（以下简称报备系统）或本所规定的其他方式，提交下列内幕信息知情人报备文件（具体要求见附件1）：

（一）内幕信息知情人登记表；

（二）相关人员买卖上市公司股票的自查报告，自查期间为年度报告披露日的前6个月以及中期报告披露日的前3个月；

（三）上市公司全体董事对内幕信息知情人报备文件真实性、准确性和完整性的承诺书；

（四）本所要求的其他文件。

本所对自查期间上市公司股票交易情况进行核查，发现明显异常的，可以要求上市公司提交股票交易情况说明。

第十三条　上市公司应当在合并、分立、其他重大事项披露后的10个交易日内，通过报备系统或本所规定的其他方式，提交下列内幕信息知情人报备文件：

（一）内幕信息知情人登记表；

（二）相关人员买卖上市公司股票的自查报告，自查期间为董事会决议披露日的前6个月；

（三）重大事项进程备忘录；

（四）上市公司全体董事对内幕信息知情人报备文件真实性、准确性和完整性的承诺书；

（五）本所要求的其他文件。

第十四条　上市公司实施合并、分立事项的，本所对自查期间上市公司股票交易情况进行核查，发现明显异常的，可以要求上市公司提交股票交易情况说明。

上市公司决定继续推进本次合并、分立事项的，应采取措施消除相关事项对上市公司的影响；无法完全消除的，上市公司应就股票交易存在明显异常，可能被中国证监会立案调查或司法机关立案侦查，而导致本次合并、分立被中止或者终止的情况披露特别风险提示公告。上市公司聘请的律师应对公司股票交易情况是否涉嫌内幕交易、是否会影响本次合并、分立发表明确意见。

上市公司自主决定终止本次合并、分立事项的，应当履行相应决策程序，并及时发布终止公告披露终止原因。

第十五条　投资者及其一致行动人（以下简称投资者）进行上市公司收购及股份权益变动活动，根据《上市公司收购管理办法》《公开发行证券的公司信息披露内容与格式准则第55号——北京证券交易所上市公司权益变动报告书、上市公司收购报告书、要约收购报告书、被收购公司董事会报告书》的规定应当披露收购报告书的，或因成为上市公司第一大股东或者实际控制人应当披露详式权益变动报告书的，投资者应当按照规定填写内幕信息知情人报备文件，保证内幕信息知情人报备文件的真实、准确和完整，并及时送达上市公司。

上市公司应当按照规定填写上市公司内幕信息知情人报备文件，做好各方报备文件的汇总，并在收购报告书摘要或详式权益变动报告书披露后的10个交易日内，通过报备系统或本所规定的其他方式，提交下列内幕信息知情人报备文件：

（一）内幕信息知情人登记表；

（二）相关人员买卖上市公司股票的自查报告，自查期间为收购报告书摘要或详式权益变动报告书披露日的前6个月；

（三）重大事项进程备忘录；

（四）投资者及上市公司全体董事对内幕信息知情人报备文件真实性、准确性和完整性的承诺书；

（五）本所要求的其他文件。

第十六条 投资者进行上市公司收购及股份权益变动活动的，本所对自查期间上市公司股票交易情况进行核查，发现明显异常的，可以要求上市公司提交股票交易情况说明。

收购完成前，相关各方决定继续推进本次收购事项的，应采取措施消除相关事项对上市公司的影响；无法完全消除的，上市公司应就股票交易存在明显异常，可能被中国证监会立案调查或司法机关立案侦查，而导致本次收购被中止或者终止的情况披露特别风险提示公告。上市公司聘请的律师应对公司股票交易情况是否涉嫌内幕交易、是否会影响本次收购发表明确意见。

相关各方自主决定终止本次收购事项的，应当履行相应决策程序，并及时发布终止公告披露终止原因。

第十七条 上市公司进行证券发行、股份回购、重大资产重组，公司被要约收购、申请转板或向境外其他证券交易所申请股票上市的，应当按照本所相关规定报备内幕信息知情人档案相关材料。

第十八条 内幕信息知情人登记表应当包括：

（一）姓名或名称、证件类型、证件号码，证券账户，联系方式；

（二）所在单位、部门，职务或岗位，与上市公司的关系；

（三）知悉内幕信息时间、方式；

（四）内幕信息的内容与所处阶段；

（五）登记时间、登记人等其他信息。

前款所称知悉内幕信息时间，是指内幕信息知情人知悉或应当知悉内幕信息的第一时间；知悉内幕信息方式，包括但不限于会谈、电话、传真、书面报告、电子邮件等；内幕信息所处阶段，包括商议筹划，论证咨询，合同订立，公司内部的报告、传递、编制、决议等。

第十九条　上市公司按照本所规定制作重大事项进程备忘录的，重大事项进程备忘录的内容包括但不限于筹划决策过程中各个关键时点的时间、参与筹划决策人员名单、筹划决策方式等。

第二十条　上市公司应当督促重大事项进程备忘录涉及的相关人员在重大事项进程备忘录上签名确认。上市公司股东、实际控制人及其关联方等相关主体应当配合制作重大事项进程备忘录。

第二十一条　上市公司国有股东、实际控制人实施本指引第十一条第一款规定事项，需履行主管部门相关程序的，上市公司应当在履行主管部门相关程序后及时向本所报送内幕信息知情人档案相关材料。

在首次报送后，内幕信息知情人档案相关材料发生变化的，上市公司应当及时补充报送。

第二十二条　内幕信息知情人档案相关材料自记录（含补充完善）之日起至少保存10年。

本所可视情况要求上市公司披露内幕信息知情人档案相关材料中的相关内容。

第二十三条　上市公司及相关主体在内幕信息知情人管理及报送中有违规行为的，本所依据《上市规则》等有关规定，对上市公司及相关责任主体采取工作措施、自律监管措施或纪律处分。

第二十四条　本指引由本所负责解释。

第二十五条　本指引自2021年11月15日起施行。

相关附件

附件：内幕信息知情人报备文件及要求（略）

北京证券交易所上市公司
重大资产重组业务指引

【发布机关】北京证券交易所

【发文字号】北证公告〔2021〕34 号

【发布日期】2021 年 11 月 02 日

为了规范北京证券交易所（以下简称本所）上市公司重大资产重组信息披露及相关行为，保护投资者合法权益，本所制定了《北京证券交易所上市公司重大资产重组业务指引》，现予以发布，自 2021 年 11 月 15 日起施行。

特此公告。

北京证券交易所

2021 年 11 月 2 日

第一章　总　　则

第一条　为了规范北京证券交易所（以下简称本所或北交所）上市公司重大资产重组信息披露及相关行为，维护证券市场秩序，保护投资者合法权益，根据中国证监会《上市公司重大资产重组管理办法》（以下简称《重组办法》）、《北京证券交易所上市公司持续监管办法（试行）》（以下简称《持续监管办法》）、《公开发行证券的公司信息披露内容与格式准则第 56 号——北京证券交易所上市公司重大资产重组》（以下简称《内容与格式准则第 56 号》）、《北京证券交易所股票上市规则（试行）》（以下简称《上市规则》）、《北京证券交易所上市公司重大资产重组审核规则（试行）》（以下简称《重组审核规则》）等规定，制定本指引。

第二条　北交所上市公司及有关各方筹划、实施《重组办法》规定的资产交易行为（以下简称重大资产重组或重组），其信息披露及其他相关行为，应当遵守《重组办法》《持续监管办法》《内容与格式准则第 56 号》《上市规则》《重组审核规则》和本指引等规定。

前款所称有关各方，主要包括上市公司股东、实际控制人、董事、监事、高级管理人员和其他交易各方，以及为重大资产重组提供服务的证券服务机构和人员等相关方。

第三条 上市公司及有关各方应当及时、公平地披露或者提供信息，保证所披露或者提供信息的真实、准确、完整，不得有虚假记载、误导性陈述或者重大遗漏。

提供服务的证券服务机构和人员应当遵守法律法规及其他有关规定，遵循本行业公认的业务标准和道德规范，严格履行职责，对其所制作、出具文件的真实性、准确性和完整性承担责任。

第四条 上市公司及有关各方应当审慎筹划涉及上市公司的重大资产重组事项，保证筹划中的重大资产重组事项的真实性、可行性及可操作性，有利于提高上市公司质量。

第五条 上市公司应当维护证券交易连续性，上市公司应当审慎申请对上市公司股票及其衍生品种停牌，严格控制停牌时间，不得随意以存在重大资产重组事项为由向本所申请停牌或故意虚构重大资产重组信息损害投资者合法权益，不得滥用停牌或者无故拖延复牌时间，不得以申请停牌代替上市公司及有关各方的信息保密义务。

第六条 独立财务顾问应当按照《上市公司并购重组财务顾问业务管理办法》（以下简称《财务顾问管理办法》）关于诚实守信、勤勉尽责及独立性的相关要求，审慎接受业务委托，切实履行尽职调查义务，认真核查申报文件，独立出具专业意见，并督促、协助上市公司及有关各方及时履行信息披露义务。

其他提供服务的证券服务机构也应当按照相关规定履行职责。

第七条 本所对上市公司重大资产重组信息披露及其他申请文件进行审查，通过提出问题、回答问题等多种方式督促上市公司完善重组方案的信息披露，或要求上市公司解释说明、补充披露或提供其他有关文件；上市公司应当及时披露本所问询函回复，并披露修订后的信息披露文件。

第八条 上市公司在筹划、实施重大资产重组事项过程中，应当及时、公平地向所有投资者披露相关信息，回应市场或媒体重大质疑，并按照本指引等相关规定召开媒体说明会或投资者说明会。

媒体说明会及投资者说明会应当使用事实描述性的语言，确保真实准确、简明扼要、通俗易懂，不得有虚假记载、误导性陈述或者重大遗漏，不得利用说明会进行广告性、夸大性等不实宣传。

第九条 上市公司应当关注公共媒体或市场出现的关于本公司重大资产重组的相关报道和传闻。如相关报道或传闻可能或者已经对该公司股票及其衍生品种交易价格产生较大影响的，上市公司及有关各方应当按照《上市规则》等规定，及时予以核实并发布澄清公告。

第十条 上市公司及相关主体违反本指引及相关规定的，本所可以采取自律监管措施或纪律处分。

第二章 内幕交易防控

第十一条 上市公司及有关各方筹划重大资产重组，应当采取必要且充分的保密措施，制定严格有效的保密制度，限定相关敏感信息的知悉范围，并按照中国证监会及本所相关规定登记、报送内幕信息知情人档案，并编制交易进程备忘录（附件1），做好内幕信息保密工作。

重大资产重组有关各方对所知悉的重大资产重组事项在依法依规披露前负有保密义务。

第十二条 上市公司应当在首次披露重组事项时填报内幕信息知情人名单，并通过内幕信息知情人报备系统或本所规定的其他方式提交相关内幕信息知情人登记表（附件1）。前述首次披露重组事项是指首次披露筹划重组、披露重组预案或披露重组报告书孰早时点。

上市公司首次披露重组事项至披露重组报告书期间重组方案重大调整、终止重组的，或者首次披露重组事项未披露标的资产主要财务指标、预估值、拟定价等重要要素的，应当于披露重组方案重大变化或披露重要要素时补充提交内幕信息知情人名单。

上市公司首次披露重组事项后股票交易异常波动的，本所可以视情况要求上市公司更新或补充提交内幕信息知情人名单。

第十三条 上市公司筹划重大资产重组事项，应当编制重大资产重组交易进程备忘录。上市公司应当督促备忘录涉及的相关人员在备忘录上签名确认，并与内幕信息知情人名单一同报送本所。

第十四条 上市公司应当在披露重组报告书时披露内幕信息知情人股票交易自查报告。股票交易自查期间为首次披露重组事项或就本次重组申请股票停牌（孰早）前6个月至披露重组报告书。

上市公司披露重组报告书后重组方案重大调整、终止重组的，应当补充披露股票交易自查报告。股票交易自查期间为披露重组报告书至披露重组方案重大调整或终止重组。

上市公司披露股票交易自查报告时，独立财务顾问和律师应当核查并发表明确意见。

第三章 筹划重大资产重组停复牌

第十五条 上市公司因筹划重大资产重组或发行股份购买资产的，可以申请停牌，停牌时间不超过10个交易日。公司应当在停牌期限届满前披露经董事会审议通过的重组预案或者报告书，并申请复牌；未能按期披露重组预案或者报告书的，应当终止筹划本次重组并申请复牌。

上市公司可以在披露重组预案或者报告书后，以对相关方案作出重大调整为由申请停牌，停牌时间不超过5个交易日。公司应当及时披露重大调整的具体情况、当前进展、后续安排以及尚需履行的程序等事项，并申请复牌。

上市公司不停牌筹划重大资产重组的，应当做好信息保密工作，在按规定披露重组预案或者报告书等文件前，不得披露所筹划重组的相关信息。相关信息泄露的，公司应当及时申请停牌。

第十六条　上市公司因筹划重大资产重组或发行股份购买资产停牌的，应当披露交易标的名称、主要交易对方、交易方式、本次重组的意向性文件或框架协议、本次重组涉及的证券服务机构名称（如有）等基本信息。

相关交易涉及通过竞拍等方式进行，在停牌公告中披露交易标的名称等可能不利于公司获取交易标的的，公司可以暂缓披露。财务顾问（如有）应当就此发表核查意见并对外披露。暂缓披露的原因已消除的，公司应当及时披露交易标的名称等信息及本次交易的进展情况。

交易标的涉及境外上市公司，在停牌公告中披露交易标的名称可能影响交易标的在境外市场交易的，公司可以暂缓披露交易标的及交易对方名称，但需在停牌公告中披露交易标的行业类型。财务顾问（如有）应当就此发表核查意见并对外披露。公司应当与境外上市公司同步披露交易标的及交易对方。

第十七条　上市公司因筹划重大资产重组或发行股份购买资产申请停牌的，应当在复牌前披露截至停牌前一交易日的公司前十大股东的名称、前十大无限售条件流通股股东的名称、持股数量和所持股份类别、股东总人数。

第十八条　上市公司披露重组预案或者报告书后，本所按规定进行信息披露问询以及上市公司回复本所问询函期间，公司股票及衍生品种原则上不停牌。

第十九条　上市公司筹划重组期间更换财务顾问等证券服务机构的，不得以此为由申请停牌或者延期复牌，并应当及时披露有关事项，充分提示风险。

第二十条　上市公司因筹划重大资产重组或发行股份购买资产停牌期间，公司或其现任董事、高级管理人员因涉嫌违法违规被司法机关立案侦查或者被中国证监会立案调查的，公司应当核实并披露该事项对公司本次重组或发行的影响，不能继续推进的，应当及时申请复牌。

第四章　重组方案

第一节　重组方案披露

第二十一条　上市公司首次披露重组方案，可以披露重组预案，也可以直接披露重组报告书。重组预案或重组报告书均应符合《内容与格式准则第56号》以及本指引的要求（附件2）。上市公司发行股份购买资产的，应当在董事会首次决议后公告的预案或报告书中披露确定的发行对象。

有关各方应当积极推进重组事项，及时披露重组方案。上市公司筹划不需要中国证监会注册的重大资产重组，可以按照分阶段披露原则，在披露重组方案前披露筹划重大资产重组提示性公告（以下简称重组提示性公告）。重组提示性公告应当明确披露重组方案的预计时间、重组标的名称或标的范围、主要交易对方、交易方式等。上市公司应当在预计披露重组方案的时间过半后及时披露重组方案披露的进展公告，在预计时间届满前披露重组方案。公司未在预计时间内披露重组方案的，应当及时披露原因、风险及是否存在重大障碍。

第二十二条 重大资产重组报告书、独立财务顾问报告、法律意见书以及重组涉及的审计报告、资产评估报告或者估值报告至迟应当与召开股东大会的通知同时公告。

第二十三条 上市公司应当在重大资产重组预案中就本次重组存在的重大不确定性因素，可能对重组后上市公司的生产经营状况、财务状况和持续盈利能力产生不利影响的有关风险因素以及其他需要提醒投资者重点关注的事项，进行“重大事项提示”或“重大风险提示”，包括但不限于以下内容：

（一）本次交易的主要方案；

（二）本次交易与近期历次增减资及股权转让价格差异较大的原因及合理性（如适用）；

（三）拟注入资产评估增值较大的风险（如适用）；

（四）与拟注入资产经营相关的风险，以及尚需取得相关业务资质的风险（如适用）；

（五）业绩承诺与补偿安排，以及业绩补偿无法实现的风险（如适用）；

（六）审批风险，包括本次重组尚未履行的决策程序及报批程序未能获得批准的风险；

（七）剔除大盘因素和同行业板块因素影响，上市公司股价在重组停牌前或重组方案首次披露前20个交易日内累计涨跌幅超过30%的相关情况及由此产生的风险（如适用）；

（八）本次拟购买资产的股东及其关联人、资产所有人及其关联人存在对拟购买资产非经营性资金占用的风险及解决措施，以及本次交易完成后，上市公司存在资金、资产被实际控制人及其关联人、重组交易对方及其关联人或其他关联人占用的风险及解决措施（如适用）；

（九）本次交易完成后，上市公司存在为实际控制人及其关联人、重组交易对方及其关联人提供担保情形的风险（如适用）；

（十）采用发行股份购买资产方式且上市公司最近一年及一期财务会计报告被会计师事务所出具非标准审计意见的，尚未经会计师事务所专项核查确认非标准审计意见所涉及事项的重大影响已经消除或者将通过本次交易予以消除的风险（如适用）；

（十一）上市公司被中国证监会或其派出机构立案调查尚未结案的风险（如适用）；

（十二）上市公司股票终止上市的风险（如适用）；

（十三）上市公司控股股东所持限售股份即将解除限售并减持的风险，以及控股股东、实际控制人的减持计划（如适用）；

（十四）对标的公司剩余股权的安排或者计划（如适用）；

（十五）其他与本次重组相关的风险。

重大资产重组预案、重组报告书中应当披露本次重组是否存在本指引第四十八条第（一）项、第（二）项所列主体参与上市公司重大资产重组的情形。

第二十四条　上市公司首次披露重组方案至发出审议本次重组方案的股东大会通知前，上市公司应当与交易各方保持沟通联系，并至少每30日发布一次进展公告，说明本次重组事项的具体进展情况。

重大资产重组进展公告内容至少应当包括：相关审计、评估或估值的具体进展和预计完成时间，有关协议或者决议的签署、推进情况，有关申报审批事项的进展以及获得反馈的情况等。同时，公告应当以特别提示的方式，充分披露本次重组事项尚存在的重大不确定风险，明确说明是否存在可能导致上市公司或者交易对方撤销、中止本次重组方案或者对本次重组方案作出重大调整的相关事项。

第二十五条　若本次重组发生重大进展或重大变化，上市公司应当立即披露。确实已不具备实施条件的，上市公司应当尽快终止。

本条所称重大进展包括但不限于以下内容：

（一）与独立财务顾问等证券服务机构签订重组服务协议等书面文件；

（二）与交易对方签订重组相关协议，或者对已签订的重组框架或意向协议作出重大修订或变更；

（三）取得有权部门关于重组事项的审批意见等；

（四）尽职调查、审计、评估等工作取得阶段性进展；

（五）筹划事项出现终止风险，如交易双方对价格产生严重分歧、市场出现大幅波动、税收政策及交易标的行业政策发生重大变化，可能导致交易失败。

本条所称重大变化包括但不限于以下内容：

（一）更换、增加、减少交易标的；

（二）更换独立财务顾问等证券服务机构；

（三）交易对方、配套融资方案、交易作价出现重大调整；

（四）重组交易标的所在产业、行业及市场环境等发生重大变化；

（五）重组交易标的经营及财务状况发生重大变化；

（六）重组标的资产经审计的财务数据与已经披露的财务数据出现重大差异；

（七）交易对方、重组交易标的涉及重大诉讼或仲裁；

（八）交易各方无法在预定时间内获得有关部门审批、达到重组先决条件或完成重组方案中做出的相关承诺；

（九）经核查发现公司股票交易存在明显异常；

（十）本次重大资产重组相关主体被中国证监会立案调查或者被司法机关立案侦查；

（十一）上市公司无法与交易对方取得联系并及时获取重组进展情况；

（十二）其他可能影响本次重组顺利推进的重大事项。

第二十六条 上市公司披露重组报告书的，独立财务顾问应当按照《重组办法》《内容与格式准则第 56 号》《财务顾问管理办法》的规定，出具独立财务顾问报告。

上市公司和有关各方存在不规范行为的，独立财务顾问应当督促其整改，并将整改情况在相关核查意见中予以说明。因上市公司或重组交易对方不配合，使尽职调查范围受限制，导致独立财务顾问无法做出判断的，独立财务顾问不得为上市公司出具独立财务顾问报告和相关核查意见。

第二十七条 上市公司与有关各方签订业绩承诺等补偿协议的，上市公司披露的补偿协议应当包含以下内容：业绩承诺方、补偿方式、计算方法、补偿的数量和金额、触发补偿的条件、补偿的执行程序、补偿的时间期限、补偿的保障措施、争议解决方式等。补偿协议条款应当清晰明确、切实可行，不存在争议。

上市公司董事会和独立财务顾问应当基于现有条件客观论证分析业绩承诺的可实现性，及业绩补偿机制的合规性、可操作性，包括补偿时间安排、股份解限安排、股份质押安排、补偿股份的表决权和股利分配权安排等，并说明业绩补偿协议是否合法合规、是否明确可行，业绩补偿保障措施是否完备，是否存在补偿不足的风险等。

第二节 重组方案审议程序

第二十八条 上市公司董事会审议重大资产重组事项，应至少对下列议案作出决议：

（一）《关于公司进行重大资产重组的议案》，至少应当包括：本次重大资产重组的方式、交易标的和交易对方，交易价格或者价格区间（如有），定价方式或者定价依据，相关资产自定价基准日至交割日期间损益的归属，相关资产办理权属转移的合同义务和违约责任，决议的有效期，对董事会办理本次重大资产重组事宜的具体授权，以及其他需要明确的事项（需逐项表决）；

（二）《关于评估机构或估值机构的独立性、评估（估值）假设前提的合理性、评估（估值）方法与评估（估值）目的的相关性以及评估（估值）定价的公允性的议案》（如有）；

（三）《关于本次重组是否构成关联交易的议案》；

（四）《关于签订重组相关协议的议案》（如有）；

（五）《关于批准本次重组有关审计、评估和盈利预测报告的议案》（如有）；

（六）《重大资产重组预案》或《重大资产重组报告书及其摘要》；

（七）《关于提请股东大会审议同意相关方免于按照有关规定向全体股东发出（全面）要约的议案》（如适用）；

（八）《关于本次重组符合〈重组办法〉第十三条及〈持续监管办法〉规定的议案》（适用于构成重组上市的情形）；

（九）《关于召开上市公司股东大会相关安排的议案》。

第二十九条　上市公司拟实施重大资产重组的，董事会应当就本次交易是否符合下列规定作出审慎判断，并记载于董事会决议记录中：

（一）交易标的资产涉及立项、环保、行业准入、用地、规划、建设施工等有关报批事项的，应当在重大资产重组预案和报告书中披露是否已取得相应的许可证书或有关主管部门的批复文件；本次交易行为涉及有关报批事项的，应当在重大资产重组预案和报告书中详细披露已向有关主管部门报批的进展情况和尚需呈报批准的程序。重大资产重组预案和报告书中应当对报批事项可能无法获得批准的风险作出特别提示。

（二）上市公司拟购买资产的，在本次交易的首次董事会决议公告前，资产出售方必须已经合法拥有标的资产的完整权利，不存在限制或者禁止转让的情形。

上市公司拟购买的资产为企业股权的，该企业应当不存在出资不实或者影响其合法存续的情况；上市公司在交易完成后成为持股型公司的，作为主要标的资产的企业股权应当为控股权。

上市公司拟购买的资产为土地使用权、矿业权等资源类权利的，应当已取得相应的权属证书，并具备相应的开发或者开采条件。

（三）上市公司购买资产应当有利于提高上市公司资产的完整性（包括取得生产经营所需要的商标权、专利权、非专利技术、采矿权、特许经营权等无形资产），有利于上市公司在人员、采购、生产、销售、知识产权等方面保持独立。

（四）本次交易应当有利于上市公司改善财务状况、增强持续盈利能力，有利于上市公司突出主业、增强抗风险能力，有利于上市公司增强独立性、减少关联交易、避免同业竞争。

第三十条　上市公司筹划重大资产重组应当按规定编制重组预案或重组报告书，经董事会审议通过后予以披露。

上市公司披露重组预案的，应当在董事会审议通过后的当日披露重组预案摘要及全文、董事会决议公告、独立董事意见、独立财务顾问核查意见（如适用）、其他证券服务机构出具的文件或意见（如适用），并根据披露内容提交下列备查文件：

（一）上市公司与交易对方签订的附生效条件的交易合同或协议；

（二）交易对方保证其所提供信息的真实性、准确性和完整性，保证不存在虚假记载、误导性陈述或者重大遗漏，并声明承担个别和连带的法律责任的相关承诺；

（三）国家相关有权主管部门出具的原则性批复（如适用）；

（四）上市公司拟购买资产的，在本次交易的首次董事会决议公告前，交易对方原则上应当提供已经合法拥有交易标的完整权利的证明文件，及不存在限制或者禁止转让情形的说明材料；

（五）上市公司拟采用发行股份购买资产方式，且最近一年及一期财务会计报告被会计师事务所出具保留意见、否定意见或者无法表示意见的审计报告的，会计师事务所就相关非标审计意见涉及事项的重大影响是否已经消除或者将通过本次交易予以消除出具的专项核查意见；

（六）被立案调查上市公司符合发行股份购买资产条件的说明（如适用）；

（七）交易进程备忘录；

（八）本所要求的其他文件。

第三十一条 上市公司披露重组报告书的，经董事会审议通过后，应当及时披露董事会决议公告、股东大会召开通知（如适用）、权益变动报告书或者收购报告书摘要（如适用）、重大资产重组报告书（草案）摘要及全文、独立财务顾问报告、独立核查意见和其他证券服务机构出具的报告和意见，并提交下列备查文件：

（一）第三十条第二款要求提交的备查文件；

（二）重组方案调整说明，包括：与预案相比，交易对方、重组方式、交易标的范围及估值、发行股份价格是否发生变化；

（三）盈利补偿具体协议（如适用）；

（四）有关部门对重大资产重组的审批、核准或备案文件（如适用）；

（五）上市公司与交易对方签订的附生效条件的交易合同或协议；

（六）本所要求的其他文件。

第三十二条 发行股份购买资产的首次董事会决议公告后，董事会在6个月内未发布召开股东大会通知的，上市公司应当披露关于6个月内未发布召开股东大会通知的专项说明。专项说明应当解释原因，并明确是否继续推进或终止。继续推进的，应当重新召开董事会审议发行股份购买资产事项，并以该次董事会决议公告日作为发行股份的定价基准日。

第三十三条 上市公司股东大会审议重大资产重组事项的，应当针对《重组办法》所列事项逐项表决。

上市公司发行股份购买资产同时募集配套资金的，如购买资产不以配套融资为前提，购买资产与配套融资的交易方案可以分拆为两项议案、分别表决；如购买资产与配套融资互为前提，购买资产与配套融资议案均获审议通过后，交易方案方可继续推进。

发行股份购买资产事项提交股东大会审议未获批准的，上市公司董事会如再次作出发行股份购买资产决议，应当以该次董事会决议公告日作为发行股份的定价基准日。

第三十四条 上市公司披露重组方案后，拟对交易对方、交易标的、交易价格等作出变更，构成对原交易方案重大调整的，应当在董事会审议通过后重新履行决策程序，并及时公告相关文件。

本指引所称重大调整应当符合以下要求：

（一）拟对交易对象进行变更的，原则上视为构成对重组方案重大调整，但是有以下两种情况的，可以视为不构成对重组方案重大调整：

1. 拟减少交易对象的，如交易各方同意将该交易对象及其持有的标的资产份额剔除出重组方案，且剔除相关标的资产后按照下述有关交易标的变更的规定不构成对重组方案重大调整的；

2. 拟调整交易对象所持标的资产份额的，如交易各方同意交易对象之间转让标的资产份额，且转让份额不超过交易作价 20% 的。

（二）拟对标的资产进行变更的，原则上视为构成对重组方案重大调整，但是同时满足以下条件的，可以视为不构成对重组方案重大调整。

1. 拟增加或减少的交易标的的交易作价、资产总额、资产净额及营业收入占原标的资产相应指标总量的比例均不超过 20%；

2. 变更标的资产对交易标的的生产经营不构成实质性影响，包括不影响标的资产及业务完整性等。

（三）新增或调增配套募集资金，应当视为构成对重组方案重大调整。调减或取消配套募集资金不构成重组方案的重大调整。并购重组委会议可以审议通过申请人的重组方案，但要求申请人调减或取消配套募集资金。

第五章 重组相关说明会

第一节 媒体说明会

第三十五条 上市公司重大资产重组构成重组上市的，应当召开媒体说明会（附件3）。对于未构成重组上市的重大资产重组，中国证监会及派出机构或本所可以根据需要，要求公司召开媒体说明会。

第三十六条 上市公司召开媒体说明会后，出现如下情形的，本所可要求上市公司再次召开媒体说明会：

（一）对媒体说明会存在重大质疑或投诉举报的；

（二）重组方案发生重大调整的；

（三）终止重组的；

（四）中国证监会和本所认为必要的其他情形。

第三十七条 上市公司拟召开媒体说明会的，应当在披露重组问询回复公告时发出召开通知；上市公司按照中国证监会或本所要求召开媒体说明会的，应当在收到相关要求后2个交易日内发出召开通知。

媒体说明会召开通知应当包括说明会召开时间、地点、参与方式、网络直播地址、参与人员以及议程等事项。

媒体说明会应当在发出通知后2个交易日内召开。上市公司股票处于交易状态的，应当在非交易时间召开。

第三十八条 上市公司应当在不晚于媒体说明会召开后次一交易日，披露媒体说明会的召开情况，主要包括：

（一）时间、地点、参会人员及媒体；

（二）涉及重大资产重组的主要问题及答复情况；

（三）上市公司认为应说明的其他事项。

第三十九条 上市公司在媒体说明会上发布的信息未在重组方案中披露的，应当相应修改重组方案并及时披露。

独立财务顾问、会计师事务所、律师事务所及评估机构等证券服务机构应当对重组方案补充披露的内容与媒体说明会发布的信息是否一致发表意见，并予以披露。

第二节 投资者说明会

第四十条 上市公司披露重组事项后出现重大市场质疑的，上市公司在披露澄清公告的同时可以主动召开投资者说明会，本所可以视情况要求公司召开投资者说明会。

上市公司披露重组预案或重组报告书后终止重组的，在董事会审议通过终止重大资产重组决议后，应当及时召开投资者说明会。上市公司应当就终止重组事项的具体原因、决策过程以及对公司的影响等内容作出说明，并披露投资者说明会的相关情况。

第四十一条 上市公司应当在非交易时间召开投资者说明会，并履行通知和相应的信息披露义务。

参加投资者说明会的人员至少需包括上市公司董事长或总经理、董事会秘书、交易对方或其代表、重组标的主要董事和高级管理人员、独立财务顾问主办人。

第六章 重组暂停进程及终止

第四十二条 上市公司披露重组提示性公告后终止重大资产重组的，应当披露终止重大资产重组公告，公告应当包括重组框架介绍（如适用）、终止重组原因的说明等；上市公司披露重组预案或者重组报告书后终止重大资产重组，或者重大资产重组停牌后终止重大资产重组的，还应当在终止重大资产重组的公告中承诺自公告之日起至少1个月内不再筹划重大资产重组事项。

终止重组原因的说明应当至少包括以下内容：

（一）终止本次重大资产重组的原因；

（二）从交易一方提出终止重大资产重组动议到董事会审议终止本次重组事项的具体过程；

（三）本次终止事项是否充分履行相关审议程序；

（四）上市公司控股股东、交易对方及其他内幕信息知情人自重组方案首次披露至终止重大资产重组期间买卖上市公司股票及（或）其衍生品种的情况；

（五）本次重大资产重组终止事项是否构成交易一方或多方违约、违约责任及已采取或拟采取的措施（如适用）；

（六）本次重大资产重组终止对上市公司的影响分析。

第四十三条 上市公司披露重组预案或重组报告书后、股东大会召开前，上市公司或交易对方拟终止重大资产重组的，上市公司还应当及时召开董事会审议终止重大资产重组事项，披露董事会决议公告、独立董事意见及独立财务顾问核查意见（如适用），并提交以下备查文件：

（一）终止本次重大资产重组的协议；

（二）交易对方对终止本次重大资产重组事项的说明（如适用）；

（三）终止本次重大资产重组事项的交易进程备忘录。

交易对方可以通过上市公司同时披露其关于终止重大资产重组事项的说明，上市公司应当配合交易对方进行信息披露。

第四十四条 上市公司股东大会审议通过重组方案后，在股东大会决议有效期内董事会决议终止本次重大资产重组的，上市公司除适用本指引的规定履行决策程序和信息披露义务外，还应当根据股东大会的授权情况，决定是否召开股东大会审议终止重组事项。

第四十五条 上市公司因违反《重组办法》相关规定，被中国证监会责令暂停重组活动或被本所中止交易的，上市公司应当暂缓召开股东大会或实施重组方案，并及时披露；被中国证监会责令终止重组事项或被本所终止交易的，上市公司应当终止本次重组，并及时披露。

第四十六条 上市公司首次披露重组事项后，本所将启动二级市场股票交易核查程序，并在后续各阶段对二级市场股票交易情况进行持续监管。本所核查结果显示上市公司股票交易存在明显异常且告知上市公司核查结论的，上市公司可以自主决定是否终止本次重组进程。上市公司决定继续推进本次重组进程的，应当在首次披露重组方案的同时，就股票交易存在明显异常，可能导致本次重组进程被暂停或者被终止的情况披露特别风险提示公告。

第四十七条 上市公司首次披露重组方案后，如该重组事项涉嫌内幕交易被中国证监会立案调查或者被司法机关立案侦查的，上市公司应当暂停本次重组进程，尚未提交股东大会审议的，不得将重组事项提交股东大会进行审议。上市公司应当及时披露相关信息，并就本次重组可能被终止等情况进行风险提示。

在暂停期间，上市公司可以自主决定是否终止本次重组，决定终止的应当及时发布终止重大资产重组公告，并承诺自公告之日起至少 1 个月内不再筹划重大资产重组。

第四十八条 上市公司按照本指引第四十七条的规定暂停重组进程的，在满足下列条件后，可以恢复本次重组进程：

（一）中国证监会或者司法机关经调查核实未发现上市公司、占本次重组总交易金额的比例在 20% 以上的交易对方（如涉及多个交易对方违规的，交易金额应当合并计算），以及上述主体的控股股东、实际控制人及其控制的机构存在内幕交易行为的。

（二）中国证监会或者司法机关经调查核实未发现上市公司董事、监事、高级管理人员，上市公司控股股东、实际控制人的董事、监事、高级管理人员，交易对方的董事、监事、高级管理人员，占本次重组总交易金额的比例在 20% 以下的交易对方及其控股股东、实际控制人及其控制的机构，为本次重大资产重组提供服务的证券公司、证券服务机构及其经办人员，参与本次重大资产重组的其他主体存在内幕交易行为的；或者上述主体虽涉嫌内幕交易，但已被撤换或者退出本次重大资产重组交易的。

（三）被立案调查或者立案侦查的事项未涉及前述第（一）项、第（二）项所列主体的。

上市公司有证据证明其重大资产重组符合恢复重组进程条件的，经聘请的独立财务顾问及律师事务所对本次重大资产重组有关的主体进行尽职调查，并出具确认意见，可以向本所提出拟恢复重组进程的报告。经中国证监会确认后，上市公司恢复重组进程。上市公司应当及时披露重组进程恢复情况，并同时披露独立财务顾问及律师事务所出具的确认意见。

第四十九条 上市公司筹划、实施重大资产重组期间，因上市公司控股股东或者实际控制人存在内幕交易被中国证监会行政处罚或者被司法机关依法追究刑事责任的，应当终止本次重组，并及时披露，同时承诺自公告之日起至少 12 个月内不再筹划重大资产重组。

第七章 重组注册及实施

第五十条 对于不需要中国证监会注册的重大资产重组，上市公司应当在股东大会审议通过重组方案并完成必要的批准程序后，尽快实施重组方案。

重组实施完毕的，上市公司应当在3个交易日内披露重组实施情况报告书，并披露独立财务顾问和律师事务所出具的意见。

重组方案在股东大会决议公告披露之日起60日内未实施完毕的，上市公司应当于期满后次一交易日披露重组实施情况公告，并在实施完毕前每30日披露1次进展公告。

第五十一条 对于实施前需经中国证监会注册以及其他部门批准的重大资产重组，在上市公司取得所有核准、注册前不得实施。

上市公司应当在本次重组方案中就重组可能无法获得批准的风险作出特别提示，明确未取得相关部门批准前，不能实施本次重大资产重组。

中国证监会或本所对需经中国证监会注册的上市公司重大资产重组申请作出受理、不予受理、中止审核、恢复审核或者终止审核决定，或者其他部门在批准程序中做出相关决定的，上市公司应当及时披露相关进展，并进行风险提示。

第五十二条 中国证监会或本所对重组方案审核期间，上市公司拟申请中止审核、恢复审核的，应当在董事会审议通过并在公告披露后，向中国证监会或本所提出申请。

第五十三条 上市公司应当在不晚于收到并购重组委审议会议通知的次一交易日，披露并购重组委审议提示性公告。

上市公司应当于并购重组委审议会议召开的前一交易日，申请股票在并购重组委审议会议期间直至审议结果披露前停牌，并披露相关停牌公告。并购重组委审议会议拟在非交易时段召开的除外。

上市公司应当在收到并购重组委审议结果的当日披露审议结果公告，公告中应当明确在收到中国证监会作出的予以注册或者不予注册的决定后将再行公告。上市公司披露审议结果公告时股票处于停牌状态的，公司股票自公告的次一交易日复牌交易。

第五十四条 中国证监会对重组方案作出予以注册或不予注册的决定的，上市公司应当及时披露收到中国证监会予以注册或不予注册文件的公告。

第五十五条 中国证监会对重组方案予以注册的，上市公司应当披露重组报告书修订说明公告（如适用），并披露修订后的重组报告书全文和相关证券服务机构意见，同时披露尚需取得有关部门核准的情况。独立财务顾问和律师事务所应当对此出具专业意见。

第五十六条 中国证监会对重组方案不予注册的或本所审核不通过的，上市公司董事会应当根据股东大会的授权，在收到中国证监会不予注册或本所终止审核的决定后10日内，就是否修改或终止本次重组方案做出决议并予以公告；如上市公司董事会根据股东大会的授权决定终止重组方案，应当在董事会公告中向投资者明确说明；如上市公司董事会根据股东大会的授权准备重新上报的，应当在董事会公告中明确说明重新上报的原因、计划等。

第五十七条 上市公司重大资产重组事项取得全部相关部门批准后，应当公告并尽快安排实施。

重组涉及发行股份购买资产的，上市公司应当在资产过户完成后的3个交易日内，公告相关情况，并及时向本所报送以下股份登记申请文件：

（一）重大资产重组实施情况报告书；

（二）独立财务顾问核查意见；

（三）法律意见书；

（四）股份登记申请表；

（五）申请出具股份登记函的报告；

（六）发行完成后经符合《证券法》规定的会计师事务所出具的验资报告；

（七）标的资产权属完成转移的证明文件；

（八）控股股东、实际控制人、其他重组方和上市公司在重大资产重组中作出的承诺（上市公司及有关各方签字盖章）。

上市公司在中国证券登记结算有限责任公司北京分公司办理新增股份登记手续并取得其出具的相关文件后，应当及时披露发行结果暨股份变动公告。

重组实施完毕后，上市公司应当及时披露重大资产重组实施情况报告书、独立财务顾问和律师事务所出具的意见。

第五十八条 上市公司重大资产重组方案涉及配套融资的，应当在注册文件规定时间内实施完毕并履行相应的信息披露义务。

第五十九条 上市公司未能在股东大会决议有效期内实施重大资产重组，拟继续推进本次重组的，应当在决议有效期结束前召开股东大会审议延长决议有效期。

第八章 重组实施后的持续信息披露

第六十条 上市公司向控股股东、实际控制人或者其控制的关联人购买资产，或者向除前述主体之外的特定对象购买资产导致控制权发生变更的，且采取收益现值法、假设开发法等基于未来收益预期的估值方法对购买资产进行评估或者估值并作为定价参考依据的，上市公司应当在重大资产重组实施完毕后业绩承诺期内的年度报告中单独披露相关资产的实际盈利数与利润预测数的差异情况，并由会计师事务所对此出具专项审核意见。上市公司在重组交易中自愿披露盈利预测报告或者交易对方自愿作出业绩承诺的，应当参照前述要求执行。

上市公司重组产生商誉的，上市公司应当按照《企业会计准则》等规定，每年年末进行减值测试，并在年度报告中披露资产组认定、选取的关键参数和假设等与商誉减值相关的重要信息。

第六十一条 上市公司与交易对方签订盈利补偿协议，且上市公司及相关资产的实际盈利数低于利润预测数的，上市公司董事会应当在审议年度报告的同时，对实际盈利数与利润预测数的差异情况进行单独审议，详细说明差异情况及上市公司已经或拟采取的措施，并督促交易对方履行承诺。

上市公司与交易对方存在每股收益填补措施安排的，应披露相关填补安排的具体履行情况。

第六十二条　上市公司应当在年度报告中披露承诺期内有关各方重大资产重组承诺的履行情况。在承诺事项履行完毕时，上市公司应当及时披露承诺事项完成情况公告。

重大资产重组承诺涉及业绩补偿的，交易对方应当及时、足额补偿，不得逃废、变更补偿义务。交易对方超期未履行或者违反业绩补偿协议、承诺的，上市公司应当及时披露，并说明相应解决措施。

第六十三条　上市公司应当在年度报告经营情况讨论与分析中披露重组整合的具体进展情况，包括但不限于上市公司在报告期内对交易标的进行整合的具体措施、是否与前期计划相符、面临的整合风险与阶段性效果评估等内容，独立董事应当对此发表意见。

整合效果的披露期限自本次重组交易实施完毕之日起，不少于3个会计年度；如重组交易存在业绩承诺的，直至相关业绩承诺事项全部完成。

第六十四条　独立财务顾问应当根据《重组办法》《财务顾问管理办法》《重组审核规则》等相关要求，勤勉尽责，出具持续督导意见，切实履行持续督导义务。

持续督导期内，独立财务顾问应当督促交易对方切实履行相关业绩补偿承诺和保障措施。独立财务顾问应当对公司的整合计划及实施效果发表意见。

独立财务顾问应当通过日常沟通、定期回访等方式，结合上市公司定期报告的披露，做好持续督导工作，如发现交易标的存在重大财务造假嫌疑、重大风险事项，可能损害上市公司利益情况的，应当及时向本所报告，并督促上市公司及有关各方提供解决措施。

第六十五条　独立财务顾问应当结合上市公司重大资产重组当年和实施完毕后的第一个会计年度的年报，自年报披露之日起15日内，对重组实施的下列事项出具持续督导意见，向本所报告并予以公告：

（一）交易资产（含负债）的交付或者过户情况；

（二）交易各方当事人承诺的履行情况；

（三）已公告的盈利预测或利润预测的实现情况；

（四）本次交易完成后6个月内上市公司股票是否存在连续20个交易日的收盘价低于发行价，或者交易完成后6个月期末收盘价低于发行价的情况，以及是否需提请相关股东公告其持有公司股票的锁定期自动延长至少6个月（如适用）；

（五）管理层讨论与分析部分提及的各项业务的发展现状；

（六）公司治理结构与运行情况；

（七）与已公布的重组方案存在差异的其他事项。

实施《重组办法》第十三条规定的重大资产重组，独立财务顾问应当结合重组实施完毕后的第二、三个会计年度的年报，自年报披露之日起 15 日内，对前款第（二）项至第（七）项事项出具持续督导意见，向本所报告并予以公告。

第九章　附　　则

第六十六条　上市公司发行可转债购买资产参照适用本指引关于发行股份购买资产的相关规定。

第六十七条　本指引由本所负责解释。

第六十八条　本指引自 2021 年 11 月 15 日起施行。

相关附件

附件 1：内幕信息知情人报备文件及要求（略）

附件 2：上市公司重大资产重组预案格式（略）

附件 3：上市公司重组上市媒体说明会流程（略）

北京证券交易所上市公司业务办理指南第 1 号——股票停复牌

【发布机关】北京证券交易所

【发文字号】北证公告〔2021〕40 号

【发布日期】2021 年 11 月 02 日

为了规范北京证券交易所（以下简称本所）上市公司停复牌业务办理，本所制定了《北京证券交易所上市公司业务办理指南第 1 号——股票停复牌》，现予以发布，自 2021 年 11 月 15 日起施行。

特此公告。

北京证券交易所

2021 年 11 月 2 日

为了规范北京证券交易所（以下简称本所）上市公司股票停复牌业务办理，根据《北京证券交易所股票上市规则（试行）》（以下简称《上市规则》）、《北京证券交易所上市公司重大资产重组业务指引》等有关规定，制定本指南。

1. 一般规定

1.1　正常申请

1.1.1　上市公司申请办理股票停复牌业务，应当在按照《上市规则》等有关规定履行相应程序后，通过证券公司向本所提交下列申请文件：

（一）加盖公司公章或董事会章的《停牌/复牌申请表》（附表 1）、《重大资产重组或发行股份购买资产停牌/复牌申请表》（附表 2）、《变更停牌事项申请表》（附表 3）、《延期复牌申请表》（附表 4）；

（二）拟披露的停牌公告、复牌公告、停牌事项变更公告或延期复牌公告；

（三）本所要求的其他文件。

1.1.2 证券公司应当对上市公司停复牌业务申请文件进行审阅，无误后在交易日的15:30－16:30 通过日常业务系统提交申请文件及拟披露公告，经本所同意后，相关公告在停复牌业务生效前披露。

1.1.3 证券公司应当密切关注上市公司停复牌业务办理进度及信息披露情况，如发现信息披露与业务办理进度不一致的，应当及时向本所报告。

1.2 紧急申请停牌

1.2.1 上市公司未能在 T－1 日（T 日为停牌生效日）15:30－16:30 向本所提出停牌申请，但确需 T 日停牌的，应当在非交易时段向本所报告。经本所同意后，上市公司向证券公司报送《停牌申请表》、停牌公告、协助线下信息披露的《信息披露业务流转表》以及相关证明文件（如有），证券公司审阅无误后，在 T－1 日 16:30 至 T 日 8:45，T 日 11:30－12:30 通过日常业务系统“紧急停牌”通道上传停牌申请文件及拟披露公告，本所审查后协助进行信息披露。

1.2.2 上市公司原则上不得在盘中申请紧急停牌。确需盘中停牌的，经本所同意后，将本指南要求的申请文件和《信息披露业务流转表》发送至指定邮箱，根据本所要求进行线下办理。

2. 停牌

2.1 上市公司发生《上市规则》及有关业务规则规定的停牌事项，需要停牌 1 个交易日（包括未在规定期限内披露季度报告）的，应当按照本指南规定在 T－1 日（T 日为停牌生效日）向本所提交停牌申请及停牌 1 个交易日的公告，股票停牌 1 个交易日后自动复牌。

2.2 上市公司因筹划重大事项申请股票停牌的，应当按照本指南规定，在 T－1 日向本所提出申请，并在申请中明确预计复牌日期。

2.3 上市公司向境内其他证券交易所申请股票转板（以下简称申请转板）的，应当按照本指南规定，在向境内其他证券交易所提交申报材料的当日申请公司股票于次一交易日起停牌。

2.4 上市公司出现《上市规则》第十章第二节至第五节规定的停牌情形时，应当按照本指南规定，在 T－1 日向本所提出申请；出现《上市规则》第十章第七节规定的停牌情形时，在不晚于 T－1 日向本所提出申请。

2.5 上市公司发生中国证监会或本所规定的其他停牌情形，应当按照相应规定及时向本所申请股票停牌。

3. 变更停牌事项

3.1 上市公司股票停牌期间，停牌事项发生变化、新增停牌事项或停牌事项减少的，应在相关事实发生后，在停牌期限届满前及时向本所提出申请。

4. 延期复牌

4.1 上市公司无法在停牌期限届满前完成相关事项筹划，如符合《上市规则》中继续停牌条件的，可以在不晚于T－2日（T日为原预计复牌日期）按照本指南规定向本所申请股票延期复牌，并提交相应的证明文件。

5. 复牌

5.1 上市公司股票所有停牌情形消除后，应当及时按照本指南规定，在不晚于T－1日（T日为复牌生效日）向本所提出复牌申请，并提交相应的证明文件（如有）。

5.2 上市公司因筹划重大资产重组或发行股份购买资产停牌的，应当在披露经董事会审议通过的重组预案或报告书、方案重大调整情况公告或终止筹划重组事项公告后，申请股票于披露后的次两个交易日复牌。

5.3 上市公司因筹划其他重大事项停牌的，如完成事项筹划或终止筹划的，应当申请股票于上述事实发生后的次两个交易日复牌；如停牌期限届满且不符合继续停牌条件的，应当在期限届满前申请股票于原定预计复牌日期复牌。

5.4 上市公司因申请转板停牌的，应当在收到境内其他证券交易所不予受理决定、终止审核决定等文书后，申请股票于收到上述文件的次两个交易日复牌。

5.5 上市公司在中国证监会或者本所规定的其他停牌情形消除后，应当按照相应规定及时申请股票复牌。

相关附件

附件1：停牌复牌申请表（略）

附件2：重大资产重组或发行股票购买资产停牌复牌申请表（略）

附件3：变更停牌事项申请表（略）

附件4：延期复盘申请表（略）

北京证券交易所上市公司业务办理指南第 2 号——股票限售及解除限售

【发布机关】北京证券交易所

【发文字号】北证公告〔2021〕41 号

【发布日期】2021 年 11 月 2 日

为了规范北京证券交易所（以下简称本所）上市公司股票限售、解除限售业务办理，本所制定了《北京证券交易所上市公司业务办理指南第 2 号——股票限售及解除限售》，现予以发布，自 2021 年 11 月 15 日起施行。

特此公告。

北京证券交易所

2021 年 11 月 2 日

为了规范北京证券交易所（以下简称本所）上市公司股票限售、解除限售业务办理，根据《北京证券交易所股票上市规则（试行）》（以下简称《上市规则》）等有关规定，制定本指南。

1. 一般规定

1.1 上市公司股票限售、解除限售应当符合《上市规则》等规定，并向本所提出申请。申请股票限售、解除限售时，应考虑股东是否符合多重限售或解除限售条件：如股东符合多重限售条件的，应分别计算限售股数，以最大值为本次限售股数；如股东符合多重解除限售条件的，应分别计算解除限售股数，以最小值为本次解除限售股数。股东持有本公司股份不足 1000 股时，当年可转让股份额度即为其持有本公司股份数。

被质押/冻结股票如需办理限售或解除限售的，还应遵守中国证券登记结算有限责任公司北京分公司（以下简称中国结算）的相关规定。

1.2　上市公司董事、监事、高级管理人员办理持有本公司股份总数的25%解除限售，原则上在每年2月底前向本所提出申请，计算基数为上一年末股东的持股数量。公司董事、监事、高级管理人员新增本公司股份的，按新增股份的75%及时办理限售。

2. 申请材料

2.1　上市公司应当在股东所持股票达到限售或解除限售条件后，及时提交下列申请文件：

（一）公司向中国结算申领的上市公司股东名册、限售股份数据表；

（二）公司股份限售/解限售申请书；

（三）公司董事会出具的申请表，包括《×××股份有限公司股票限售申请表》（附件1）/《×××股份有限公司股票解除限售申请表》（附件2）；

（四）本所要求的其他文件。

2.2　上市公司股份限售/解限售申请书应当至少包括下列内容：

（一）相关股东持股情况及办理依据说明；

（二）本次申请限售、解除限售股份的股份总数，各股东限售、解除限售股份数量；

（三）是否违背相关股东作出的全部承诺。

2.3　上市公司股东所持股票达到限售条件的，应及时通知公司办理限售登记。在办理限售登记期间，股东应严格遵守限售规定，不得违规进行股份转让。

3. 办理流程

3.1　上市公司在提交申请材料前，应当对材料进行检查核验，确认申请依据是否充分，计算是否准确，并经证券公司审阅确认。确认无误后，证券公司通过本所日常业务系统填报股票限售/解除限售明细信息，并将申请材料作为附件。

3.2　本所对限售、解除限售申请进行确认后，向中国结算发送明细数据。

3.3　上市公司和证券公司应当密切关注业务办理进度，在业务流转至中国结算时，及时按照《中国证券登记结算有限责任公司北京分公司北京证券交易所股票登记结算业务指南》（以下简称《北交所股票登记结算业务指南》）的相关规定向中国结算申请办理股票限售或解除限售登记。

3.4　办理股票解除限售业务的，上市公司应当在中国结算审核通过后，按照本所临时公告格式模板编制股票解除限售公告，并根据《北交所股票登记结算业务指南》规定，最晚于解除限售生效前3个交易日披露。

4. 自愿限售

4.1 上市公司章程、相关协议或股东承诺等对公司股票约定更长限售期或更高限售比例的（以下简称自愿限售股票），相关股东应当在上述事实发生之日起两个交易日内，通过公司披露股票自愿限售的公告，并于同日向本所申请办理股票限售，申请材料应包括：

（一）本指南2.1条规定的相关文件；

（二）股东所持公司股票自愿限售的公告；

（三）公司和自愿限售股东共同签字盖章的申请书（附件3）。

股东所持公司股票已限售，需延长限售期的，无须向本所申请办理股票限售。

4.2 自愿限售股票达到约定或承诺的解除限售条件后，上市公司应当申请解除限售。股东应严格遵守自愿限售相关约定或承诺，在达到约定或承诺的解除限售条件前，原则上不得提前解除限售。

5. 其他事项

5.1 董事、监事和高级管理人员所持限售股票因司法裁决、继承等原因发生非交易过户且过入方不存在其他限售情形的，过入方可申请解除限售。

自愿限售股票因司法裁决、继承等原因发生非交易过户的，过入方应当继续遵守自愿限售相关约定或承诺。

5.2 上市公司、证券公司不得无故拖延申请股票限售或解除限售。上市公司及其股东、证券公司应当保证其向本所和中国结算申报材料和数据真实、准确、完整、及时，并承担相应的法律责任。

相关附件

附件1：×××股份有限公司股票限售申请表（略）

附件2：×××股份有限公司股票解除限售申请表（略）

附件3：×××股份有限公司及相关股东关于提请协助出具限售股份登记函的申请书（略）

北京证券交易所上市公司业务办理指南第 3 号——权益分派

【发布机关】北京证券交易所

【发文字号】北证公告〔2021〕42 号

【发布日期】2021 年 11 月 02 日

为了规范北京证券交易所（以下简称本所）上市公司权益分派业务办理，本所制定了《北京证券交易所上市公司业务办理指南第 3 号——权益分派》，现予以发布，自 2021 年 11 月 15 日起施行。

特此公告。

北京证券交易所

2021 年 11 月 2 日

为了规范北京证券交易所（以下简称本所）上市公司权益分派业务办理行为，根据《北京证券交易所股票上市规则（试行）》等有关规定，制定本指南。

1. 一般规定

1.1 上市公司应当根据自身条件和发展阶段，积极回报股东，严格执行公司章程、利润分配制度中的股东回报政策。

1.2 上市公司实施利润分配，应当以公开披露仍在有效期内（报告期末日起 6 个月内）的定期报告期末日为基准日，以基准日母公司财务报表中可供分配利润为分配依据。同时，为避免出现超额分配情形，上市公司应当按照合并报表和母公司报表中可供分配利润孰低的原则确定具体分配比例。

上市公司实施资本公积金转增股本的，应当披露转增金额是否超过报告期末“资本公积——股本溢价”的余额。

1.3 上市公司应当在董事会审议通过权益分派方案后，及时以临时报告形式披露权益分派方案的具体内容，并在上述定期报告有效期内召开股东大会审议权益分派方案。权益分派方案中，送转股及现金红利派发比例的总位数不能超过8位，小数位不能超过6位。如上市公司在股东大会召开前已披露最新一期定期报告的，其分配金额不应超过最新一期定期报告的可供分配利润。

1.4 权益分派方案应在股东大会审议通过后2个月内实施完毕，即实施权益分派的股权登记日（以下简称R日）应在股东大会审议通过权益分派方案后的2个月内，根据有关规定权益分派事项需经有权部门事前审批的除外。实施权益分派的股本基数，均以R日股本数为准。

2. 办理流程

2.1 上市公司实施现金分红、送红股或以盈余公积、资本公积转增股本的，应通过中国证券登记结算有限责任公司（以下简称中国结算）进行分派，并根据本所和中国结算的相关规定，按以下流程申请办理权益分派业务：

2.1.1 按照中国结算北京分公司《中国证券登记结算有限责任公司北京分公司北京证券交易所股票登记结算业务指南》（以下简称《北交所股票登记结算业务指南》）要求，在R-5日前向中国结算申请办理权益分派业务，填报相关信息并上传所需材料。

2.1.2 权益分派申请经中国结算审核通过后，上市公司应当通过证券公司于R-4日前在本所日常业务系统中提交除权除息业务申请及《权益分派实施公告》。

上市公司披露的《权益分派实施公告》应与经中国结算审查的公告一致。如不一致，应于R-3日20:00前联系本所修改业务申请并更正《权益分派实施公告》。特殊情况下无法更正的，应及时与中国结算及本所联系。

2.1.3 上市公司应在R-1日12:00前按照《北交所股票登记结算业务指南》的要求做好权益分派相关款项的划拨工作。如未能按照中国结算规定的时间完成相关款项的划拨或因其他合理原因决定延期实施权益分派的，上市公司应及时与中国结算及本所联系，并最晚于R-1日披露权益分派延期实施公告。如未能按时披露延期公告，上市公司应向本所申请股票自R日开市起停牌，并于披露延期公告后向本所申请股票复牌。

2.1.4 R+1日（即除权除息日），中国结算登记送转股、派发现金红利，上市公司完成权益分派，本所完成除权除息。

3. 其他事项

3.1 上市公司申请实施权益分派，自向中国结算提交权益分派申请之日起至实施完毕期间，原则上应保持总股本和参与分派的股本基数不变。

3.2 上市公司终止实施权益分派的，应召开董事会、股东大会审议终止实施权益分派的议案，并在董事会决议后及时以临时报告的形式披露终止原因和审议情况。

3.3 上市公司未能在本指南1.4规定期限内实施权益分派的，上市公司董事会应于期限届满前披露关于未能按期实施权益分派的致歉公告，并在公告中说明未按期实施的具体原因及后续安排。继续实施权益分派的，原则上应以已披露的在有效期内的定期报告财务数据作为权益分派依据，重新召开董事会、股东大会进行审议，并于股东大会审议通过后2个月内实施完毕；取消权益分派的，还应在致歉公告中披露取消的具体原因。

3.4 上市公司在筹划或者讨论利润分配、资本公积金转增股本方案过程中，应当将内幕信息知情人控制在最小范围内，及时登记内幕信息知情人名单及其个人信息，并采取严格的保密措施，防止利润分配、资本公积金转增股本方案泄露。

北京证券交易所上市公司业务办理指南第 4 号——证券简称或公司全称变更

【发布机关】北京证券交易所
【发文字号】北证公告〔2021〕43 号
【发布日期】2021 年 11 月 02 日

为了规范北京证券交易所（以下简称本所）上市公司证券简称及公司全称变更业务办理，本所制定了《北京证券交易所上市公司业务办理指南第 4 号——证券简称或公司全称变更》，现予以发布，自 2021 年 11 月 15 日起施行。

特此公告。

北京证券交易所

2021 年 11 月 2 日

为了规范北京证券交易所（以下简称本所）上市公司证券简称及公司全称变更行为，根据《北京证券交易所股票上市规则（试行）》（以下简称《上市规则》）等有关规定，制定本指南。

1. 一般规定

1.1 上市公司应根据实际经营业务情况，审慎对证券简称或公司全称进行变更，变更后的证券简称或公司全称，应与公司主营业务相匹配，不得误导投资者。

1.2 变更后的证券简称原则上从公司全称中选取，不得超过 8 个字符（单字节字符），应避免与境内证券交易所和全国中小企业股份转让系统已上市或挂牌证券的证券简称重复，并避免使用过于概括、与公司实际情况不符的区域性、行业性通用名词。

2. 变更程序

2.1 上市公司变更证券简称，应当经董事会审议通过。变更公司全称的，应当经董事会审议通过并提请股东大会审议。

上市公司应在董事会召开后2个交易日内披露董事会决议公告及拟变更证券简称或公司全称的临时报告，临时报告内容至少包括：拟变更后的证券简称或公司全称、具体变更理由及与主营业务的匹配性、董事会审议情况、是否需要提交股东大会审议等。上市公司拟变更证券简称的，原则上应结合相关业务营业收入占公司最近一个会计年度经审计营业收入的比重充分说明合理性。

如提交股东大会审议的，上市公司应在股东大会召开后2个交易日内披露股东大会决议公告，如股东大会未审议通过，上市公司应当以临时报告的形式披露未通过的原因及相关安排。

2.2 上市公司在披露董事会审议变更证券简称的公告后，本所对相关公告进行审查。上市公司变更证券简称不符合本指南要求的，本所可以要求公司进行说明或予以改正。

3. 办理流程

3.1 董事会审议通过变更证券简称后10个交易日内（变更证券简称情形适用），或完成工商变更登记手续并领取《企业法人营业执照》后10个交易日内（变更公司全称情形适用），向证券公司提交下列文件：

（一）《××公司证券简称或公司全称变更申请书》（附件）；

（二）拟披露的证券简称变更或公司全称变更公告；

（三）董事会决议、股东大会决议（如有）；

（四）变更后的《企业法人营业执照》（变更公司全称情形适用）；

（五）其他证明材料。

上市公司变更公司全称的，应以工商注册登记确认的新公司名称提出申请，并加盖新公司公章。

3.2 证券公司审阅无误后，最晚应于T－3日（T日为证券简称或公司全称变更生效日）通过日常业务系统提交拟披露公告及上述申请文件，相关公告经本所同意后在T日前披露。

3.3 T日上市公司证券简称或公司全称变更生效。

4. 其他事项

4.1 上市公司因拟变更证券简称或公司全称受到重大媒体质疑的，应当及时就更名事项作出补充说明并披露，同时可召开投资者说明会，就更名事项与投资者互动交流。公司应当在投资者说明会召开后及时披露投资者说明会的召开情况。

相关附件

附件：××公司证券简称或公司全称变更申请书（略）

北京证券交易所上市公司业务办理指南第5号——表决权差异安排

【发布机关】北京证券交易所

【发文字号】北证公告〔2021〕44号

【发布日期】2021年11月02日

为了规范北京证券交易所（以下简称本所）上市公司表决权差异安排业务办理，保护投资者合法权益，本所制定了《北京证券交易所上市公司业务办理指南第5号——表决权差异安排》，现予以发布，自2021年11月15日起施行。

特此公告。

北京证券交易所

2021年11月2日

为了规范北京证券交易所（以下简称本所）上市公司办理表决权差异安排有关业务，根据《北京证券交易所股票上市规则（试行）》（以下简称《上市规则》）等有关规定，制定本指南。

1. 一般规定

1.1 适用范围

1.1.1 本所上市公司关于表决权差异安排的相关业务流程及操作要求等，适用本指南。

1.2 特别标识

1.2.1 上市公司具有表决权差异安排的，其股票特别标识为“W”；上市公司不再具有表决权差异安排的，该特别标识取消。特别标识“W”在市场行情及符合《证券法》规定的信息披露平台展示。

1.2.2 上市公司应当在其披露公告的显著位置标明本公司设有表决权差异安排的情况。

2. 变更表决权差异安排的业务流程

2.1 总体要求

2.1.1 上市公司拟变更表决权差异安排的，在披露董事会决议及相关公告前，应当加强内幕信息知情人管理，有关各方应当做好保密工作。

2.2 董事会决议

2.2.1 上市公司拟变更表决权差异安排的，应当自董事会决议后的2个交易日内，按照《上市规则》及本指南的规定，披露表决权差异安排变更方案、董事会决议公告、拟修订公司章程的公告、关于召开股东大会的相关安排及法律意见书等文件。上市公司聘请的律师事务所应当就上述方案是否符合《上市规则》相关要求、异议股东保护措施是否充分合理等出具法律意见书。

2.3 监事会决议

2.3.1 上市公司拟变更表决权差异安排的，监事会应当制作并审议关于履行表决权差异安排监督职责的方案，上述方案应当包括《上市规则》第4.4.9条规定的职责内容，并与监事会决议一并披露。

2.4 信息披露完备性审查

2.4.1 本所对上市公司变更表决权差异安排的信息披露文件进行完备性审查，需要解释、说明、更正的，上市公司应当披露暂缓召开股东大会的公告。信息披露文件更正并经审查完毕后，上市公司应当披露更正后的相关文件并重新披露股东大会通知公告。

2.5 股东大会决议

2.5.1 股东大会审议关于变更表决权差异安排的相关议案时，应当经出席会议的股东所持表决权的2/3以上通过。股东大会决议公告中应当包括中小股东单独计票结果。

2.6 办理特别表决权股份变更登记

2.6.1 涉及办理特别表决权股份变更登记事项的，上市公司应当在股东大会审议通过变更表决权差异安排的议案后1个月内，向本所提交《特别表决权股份变更登记备案报告》（附件1）、《特别表决权股份变更登记确认表》（附件2）、异议股东保护措施执行情况的说明等文件；拟变更表决权差异安排且无须办理特别表决权股份变更登记的，上市公司无需提交《特别表决权股份变更登记确认表》。

2.6.2 上市公司聘请的律师事务所应当就上市公司变更表决权差异安排的合法合规性及异议股东保护措施的执行情况等出具法律意见书。

2.6.3 上市公司出现需办理特别表决权股份变更登记情形的，应当于本所出具确认函的2个交易日内向中国证券登记结算有限责任公司北京分公司（以下简称中国结算）申请办理特别表决权股份变更登记，并于收到中国结算关于发布公告的通知后2个交易日内披露特别表决权股份变更登记公告，载明特别表决权股东持有的特别表决权股份数、表决权比例以及特别表决权股份生效日等事项，其中特别表决权股份生效日应当为公告日后第3个交易日。

3. 特别表决权股份的转换流程

3.1 总体要求

3.1.1 特别表决权股东拟将全部或部分特别表决权股份转换为普通股份的，按照不同情形，上市公司应当向本所申请后，再向中国结算申请办理转换登记，或者直接向中国结算申请办理转换登记。

3.2 向本所申请办理的程序规定

3.2.1 主动申请办理特别表决权股份转换

（一）特别表决权股东按照《上市规则》第4.4.6条的规定，拟将全部或部分特别表决权股份转换为普通股份的，上市公司应当及时向本所提交《特别表决权股份转换申请书》（附件3）及《特别表决权股份转换申请表》（附件4）等文件。本所出具确认函的2个交易日内，上市公司应当向中国结算提出特别表决权股份的转换登记申请，并于收到中国结算关于发布公告的通知后2个交易日内披露特别表决权股份转换公告，载明本次转换股份数量、特别表决权股东转换后所持表决权比例和股份转换生效的具体日期等，其中转换生效日应当为公告日后第3个交易日。

（二）发生《上市规则》第4.4.7条第一款第三项规定的转换情形的，公司应当按照上述流程提出特别表决权转换申请、办理转换登记，并及时披露公告。特别表决权股东所持特别表决权股份转换为普通股份自完成转换登记时生效。在完成特别表决权股份的转换后，相关主体依照本所协议转让的有关规定办理协议转让业务。

3.2.2 应当申请办理特别表决权股份转换

（一）发生《上市规则》第4.4.7条第一款第一项及第四至七项规定的转换情形的，特别表决权股东所持特别表决权股份转换为普通股份自相关情形发生时生效。公司应当于转换情形发生后，及时披露特别表决权股份转换公告，载明本次转换股份数量、特别表决权股东转换后所持表决权比例和股份转换生效的具体日期等。

（二）上述转换情形发生后，上市公司应当向本所提交《特别表决权股份转换申请书》（附件3）及《特别表决权股份转换申请表》（附件4）等文件，办理特别表决权股份转换；上市公司聘请的律师事务所应当就本次触发特别表决权股份转换的具体情形、生效时间、转换后表决权差异安排是否符合设置表决权差异安排时有关规则规定等出具法律意见书。上市公司应当于本所出具确认函的2个交易日内向中国结算提出特别表决权股份的转换登记申请，并于办理转换登记后及时披露完成转换登记的公告。

（三）发生公司章程规定的其他转换情形时，上市公司应当按照上述流程，办理特别表决权股份转换。

3.2.3 直接向中国结算申请办理的程序规定

（一）发生《上市规则》第4.4.7条第一款第二项情形的，特别表决权股东所持特别表决权股份转换为普通股份自过户完成时生效。申请人应当在办理过户的同时将所涉及的特别表决权股份转换为普通股份，在中国结算办理完成特别表决权股份过户及转换为普通股份后，应当及时通知上市公司；上市公司应当及时披露特别表决权股份转换公告，载明本次转换股份数量、股份转换生效的具体日期、特别表决权股东转换后所持表决权比例及特别表决权股份转换后表决权差异安排是否符合设置表决权差异安排时有关规则规定等。

（二）转换后特别表决权股东在上市公司中拥有权益的股份低于公司有表决权股份的10%的，公司应当按照本指南第3.2条的相关规定办理剩余特别表决权股份的转换。

4. 其他

4.1 维护股本稳定

4.1.1 上市公司应当对权益分派、股份回购、股票发行等事项作出妥善安排，自董事会审议关于表决权差异安排相关议案之日起，至公司在中国结算完成特别表决权股份变更登记期间，维持股本结构稳定。

4.1.2 上市公司拟召开董事会、股东大会变更表决权差异安排的，已启动的权益分派事项应当已实施完毕。

4.1.3 上市公司变更表决权差异安排以及特别表决权股份转换，导致上市公司控制权变动的，应当按照《上市公司收购管理办法》等相关规定履行相关义务。

4.1.4 特别表决权股份涉及回购、收购等事项的，相关主体在上市公司按照本指南第3.2条规定的程序完成特别表决权股份转换后，再行办理相关业务。

4.2 异议股东保护安排

4.2.1 特别表决权股东提供的异议股东救济措施应当明确、具体、可执行。异议股东的保护范围以批准变更表决权差异安排的股东大会的股权登记日登记在册的股东持股数量为准，包括前述股份在股权登记日后派生的股份。股权登记日后投资者买入的股份不在此列。

4.2.2 特别表决权股东向异议股东提供股份回购的救济措施，并就股份转让事项达成书面协议的，协议主体委托上市公司向本所报送申请文件，申请办理表决权差异安排异议股东的股份转让业务。

4.2.3 上市公司应当向本所提交以下文件，保证申请文件的真实性、准确性、完整性：

（一）表决权差异安排异议股东股份转让申请书（附件5）；

（二）律师事务所就异议股东股份转让情况出具的法律意见书（附件6）；

（三）特别表决权股东和异议股东的身份证明文件复印件；

（四）特别表决权股东和异议股东对律师事务所的授权委托书；

（五）上市公司对经办人的授权委托书；

（六）上市公司经办人的身份证明文件复印件；

（七）中国结算出具的股权登记日及申请办理股份转让业务前5个交易日内异议股东股份持有证明文件；

（八）涉及国有主体须履行国有资产监督管理机构批准或者备案程序的，需提供国有资产监督管理机构或者国家出资企业出具的批准或备案文件；

（九）本所认为需要提交的其他文件。

4.2.4 表决权差异安排异议股东股份转让双方当事人应当按照本所收费标准缴纳交易经手费，涉及税收的按照国家有关规定执行。本所对申请文件进行形式审查，并通过上市公司向股份转让双方送达经手费收费通知书，股份转让双方应当及时缴费并向本所提供增值税纳税人信息。

4.2.5 股份转让双方完成缴费并经本所确认到账后，本所通过上市公司向股份转让双方送达确认函，相关主体应当向中国结算申请办理股份转让过户登记业务。异议股东存在股份质押、冻结等权利受限情形的，可在解除权利限制后，依照上述程序申请办理股份转让。

4.3 其他

4.3.1 保荐机构、律师事务所等中介机构在为上市公司提供服务的过程中发现特别表决权股东直接或间接占用公司资金、资产以及利用控制地位损害其他股东权益等情形的，应当及时告知上市公司，并向本所报告。

相关附件

附件1：特别表决权股份变更登记备案报告（略）

附件2：特别表决权股份变更登记确认表（略）

附件3：特别表决权股份转换申请书（略）

附件4：特别表决权股份转换申请表（略）

附件5：表决权差异安排异议股东股份转让申请书（略）

附件6：律师事务所就异议股东股份转让情况出具的法律意见书（略）

附件7：表决权差异安排异议股东股份转让基本情况表（略）

北京证券交易所上市公司业务办理指南第6号——定期报告相关事项

【发布机关】北京证券交易所

【发文字号】北证公告〔2021〕45号

【发布日期】2021年11月02日

为了规范北京证券交易所（以下简称本所）上市公司定期报告、业绩快报和业绩预告的编制和披露，提升上市公司信息披露质量，本所制定了《北京证券交易所上市公司业务办理指南第6号——定期报告相关事项》，现予以发布，自2021年11月15日起施行。

特此公告。

北京证券交易所

2021年11月2日

为了规范北京证券交易所上市公司定期报告预约、业绩快报和业绩预告披露、定期报告差错更正等行为，根据《北京证券交易所股票上市规则（试行）》（以下简称《上市规则》）等有关规定，制定本指南。

1. 定期报告预约

1.1 上市公司进行定期报告披露时，应当由证券公司通过报送端的电子化预约功能协助上市公司完成披露时间的预约。特殊原因需变更披露预约时间的，证券公司应协助上市公司在原预约披露日5个交易日前通过报送端进行修改；在5个交易日内需要变更预约披露时间的，上市公司还应发布定期报告披露日期变更的公告。

1.2 信息披露系统根据均衡披露原则，限制每日预约量以及修改次数。预计披露日期及最终披露日期将在信息披露平台上公布。

2. 业绩快报、业绩预告

2.1 公司定期报告披露前出现业绩泄露，或者出现业绩传闻且公司股票及其他证券品种交易出现异常波动的，应当及时披露业绩快报。上市公司预计不能在会计年度结束之日起 2 个月内披露年度报告的，应当在该会计年度结束之日起 2 个月内披露业绩快报。

预约在会计年度结束之日起 2 个月内披露年度报告的上市公司，如不存在预计年度业绩无法保密的情况，不强制要求披露业绩快报。若后续预约时间改为会计年度结束之日起 2 个月后，应当在该会计年度结束之日起 2 个月内披露业绩快报。

2.2 业绩快报的主要财务数据和指标同比增减变动幅度达 30% 以上的，应当说明增减变动的主要原因。

2.3 上市公司在年度报告披露前，预计上一会计年度净利润发生重大变化的，应当及时进行业绩预告。重大变化的情形包括年度净利润同比变动超过 50% 且大于 500 万元、发生亏损或者由亏损变为盈利。

对于第一季度、半年度和前三季度预计净利润将发生重大变化的，上市公司可以发布业绩预告，其重大变化标准可比照年度业绩预告标准。

2.4 上市公司出现《上市规则》第 10.3.1 条规定的股票被实施风险警示情形的，应当于会计年度结束之日起 2 个月内发布业绩预告公告全年营业收入、净利润、扣除非经常性损益后的净利润和净资产。

2.5 若业绩快报和业绩预告的披露标准均触及，上市公司均应披露，且业绩预告的披露时间不应晚于业绩快报。上市公司第一季度业绩预告的披露时间不应早于上一年度业绩预告的披露时间。

2.6 业绩快报中的本期财务数据为具体数值，不能取区间数。业绩预告中的本期财务数据可以取具体数值，也可以取区间数，上下限区间变动幅度一般不得超过 30%，最大不得超过 50%。

2.7 存在不确定因素可能影响业绩预告、业绩快报财务数据准确性的，上市公司应在业绩预告、业绩快报中进行风险提示，披露不确定因素的具体情况及影响程度。

2.8 上市公司业绩快报、业绩预告中的财务数据与实际数据差异幅度达到 20% 以上的，应当及时披露修正公告，并在修正公告中向投资者致歉，并说明差异产生原因。

上市公司及其董事、监事、高级管理人员不得利用业绩预告、业绩快报及其修正公告，进行内幕交易和操纵市场行为。

3. 定期报告更正

3.1 上市公司根据《上市规则》第 6.1.11 条的规定进行定期报告更正的，应单独披露更正公告。更正公告中应明确具体更正内容，若定期报告中存在前期差错，更正公告还应包括以下内容：

（1）前期差错更正事项的性质及原因；

（2）各个列报前期财务报表中受影响的项目名称和更正金额；

（3）前期差错更正事项对公司财务状况、经营成果和现金流量的影响及更正后的财务数据或财务指标，如果更正事项涉及公司资产重组相关业绩承诺的，还应当说明更正事项对业绩承诺完成情况的影响；

（4）若存在无法追溯重述的情况，应当说明原因、前期差错开始更正的时点，以及具体更正情况；

（5）公司董事会对更正事项的性质及原因的说明，以及独立董事和监事会对更正事项的相关意见。

3.2 定期报告涉及前期差错更正的，上市公司应当披露会计师事务所出具的专项说明。

北京证券交易所上市公司业务办理指南第7号——信息披露业务办理

【发布机关】北京证券交易所
【发文字号】北证公告〔2021〕46号
【发布日期】2021年11月02日

为了规范北京证券交易所（以下简称本所）上市公司信息披露业务办理流程，提高信息披露质量，本所制定了《北京证券交易所上市公司业务办理指南第7号——信息披露业务办理》，现予以发布，自2021年11月15日起施行。

特此公告。

北京证券交易所

2021年11月2日

为了规范北京证券交易所（以下简称本所）上市公司及其他信息披露义务人的信息披露业务办理，根据《北京证券交易所股票上市规则（试行）》（以下简称《上市规则》）等有关规定，制定本指南。

1. 一般规定

1.1 信息披露业务的办理，应当通过本所业务支持平台信息披露系统（以下简称信息披露系统）实现披露文件的电子化填写与报送，信息披露系统由信息披露文件编制端（以下简称编制端）和信息披露文件报送端（以下简称报送端）等系统组成。

1.2 上市公司应当通过编制端编制披露文件；证券公司使用业务支持平台数字证书（以下简称数字证书）协助上市公司通过报送端报送披露文件，数字证书是证券公司登录报送端的身份证明；信息披露系统在规定的时间段中将披露文件自动发送至本所信息披露平台（以下简称信息披露平台）。

2. 信息披露业务办理

2.1 上市公司编制披露文件并报证券公司审阅

2.1.1 上市公司董事会秘书应按照中国证券监督管理委员会（以下简称中国证监会）、本所信息披露有关规定及配套报告模板，在编制端使用信息披露文件编制工具填写披露内容，生成信息披露文件。编制工具中未提供模板的临时报告，由上市公司根据有关规定自行编制。

上市公司在完成信息披露文件编制工作后，应当对信息披露文件内容的真实性、准确性、完整性进行核查，确保不存在虚假记载、误导性陈述或者重大遗漏，并对其真实性、准确性、完整性承担相应的法律责任。

2.1.2 上市公司原则上应当在交易日的15:00后将编制完成的信息披露文件及备查文件送达证券公司，并为证券公司预留必要的审阅时间；因特殊情形通过线下方式披露的，原则上应当在非交易时间联系本所，将信息披露文件和信息披露业务流转表（见附表）发送至指定邮箱，本所审查后协助完成信息披露。

上述信息披露文件主要包括加盖董事会章的信息披露纸质文件及相应电子文件，其中电子文件包括信息披露文件正文（PDF格式及Word格式）及相应XBRL文件（自行编制的除外）。

2.2 证券公司披露前审阅并上传至信息披露系统

2.2.1 证券公司对上市公司拟披露的信息披露文件进行审阅，发现拟披露的信息披露文件存在任何错误、遗漏或者误导的，或者发现存在应当披露而未披露事项的，应当要求上市公司进行更正或补充。上市公司拒不配合的，应当及时向本所报告，并发布风险揭示公告。

证券公司审阅信息披露文件时，如发现上市公司存在退市风险警示或者终止上市情形的，证券公司应当在披露当日向本所报告。

2.2.2 证券公司对拟披露的信息披露文件审阅后，应最迟于文件送达证券公司当日20:00前将信息披露文件正文（PDF格式及Word格式）及XBRL文件（自行编制的除外）上传至信息披露系统。信息披露系统自动将信息披露文件发送至信息披露平台披露，已上传的文件不可撤回。

2.3 信息保密

2.3.1 证券公司应当对上市公司相关内幕信息和未公开信息实行保密管理，严格控制知悉范围，切实执行信息隔离墙制度，建立专项内幕信息知情人登记管理制度，不得泄露内幕信息和未公开信息，严禁内幕交易。

2.3.2 本所可以对证券公司持续督导期内的内幕信息管理工作进行检查。

2.4 信息披露文件披露后的审查和处理

2.4.1 更正或补充公告的处理

本所监管人员在信息披露系统上对信息披露文件进行审查，若发现信息披露文件不符合中国证监会、本所信息披露有关规定，或存在重大错误或遗漏的，将通过信息披露系统向证券公司发送反馈意见。上市公司和证券公司对有关问题核实后应及时通过信息披露系统向本所回复。

信息披露文件在信息披露平台披露后，如因错误或遗漏需要更正或补充的，上市公司应发布更正或补充公告，并重新披露相关信息披露文件，原已披露的信息披露文件不做撤销。

2.4.2 补发公告的处理

上市公司不能按照规定的时间披露信息披露文件，或发现存在应当披露但尚未披露的信息披露文件的，应发布补发公告并补发信息披露文件。

本所发现上市公司存在应披露但未披露信息披露文件的，将督促上市公司发布补发公告并补发信息披露文件。

2.5 信息披露文件无法正常披露的处理

证券公司通过报送端完成信息披露文件的上传后，应及时查看信息披露文件是否已成功披露至信息披露平台。如发现信息披露文件无法在规定的时间段内成功披露的，证券公司应立即向本所报告，经本所确认后进行处理。

3. 上市公司信息披露平台

3.1 上市公司应当在符合《证券法》规定的信息披露平台上发布信息。上市公司在其他媒体披露的时间不得早于在规定信息披露平台披露的时间，并应当保证公告披露内容的一致性。

上市公司应当披露其指定媒体的网站名称及网址。若信息披露媒体发生变化，应当及时披露媒体及网站变更信息。

3.2 上市公司在具备证券市场信息披露条件的媒体上进行企业宣传的，不得提前泄露可能对上市公司股票及其他证券品种交易价格、投资者决策产生较大影响的信息。

相关附件

附件：信息披露业务流转表（略）

北京证券交易所上市公司持续监管临时公告格式模板

【发布机关】北京证券交易所

【发文字号】北证办发〔2021〕34号

【发布日期】2022年01月07日

各市场参与主体：

为落实《公开征集上市公司股东权利管理暂行规定》（证监会公告〔2021〕44号）的有关规定，进一步规范公开征集北京证券交易所（以下简称本所）上市公司股东权利的行为，本所对《北京证券交易所上市公司持续监管临时公告格式模板》中的第14号——上市公司股东大会决议公告格式模板、第17号——公开征集股东权利公告格式模板进行了修订，现予以发布，自发布之日起施行。

上述公告格式模板可至本所官方网站“法律规则”下的“服务指南”栏目查询。

特此通知。

北京证券交易所办公室

2022年1月7日

相关附件

附件1：北交所上市公司持续监管临时公告格式模板第1号——上市公司会计政策会计估计变更公告格式模板（略）

附件2：北交所上市公司持续监管临时公告格式模板第2号——上市公司前期会计差错更正公告格式模板（略）

附件3：北交所上市公司持续监管临时公告格式模板第3号——上市公司拟续聘/变更会计师事务所公告格式模板（略）

附件4：北交所上市公司持续监管临时公告格式模板第4号——上市公司关于公司定

期报告预计无法按期披露的提示性公告格式模板（略）

附件5：北交所上市公司持续监管临时公告格式模板第5号——上市公司业绩预告公告格式模板（略）

附件6：北交所上市公司持续监管临时公告格式模板第6号——上市公司业绩预告修正公告格式模板（略）

附件7：北交所上市公司持续监管临时公告格式模板第7号——上市公司业绩快报公告格式模板（略）

附件8：北交所上市公司持续监管临时公告格式模板第8号——上市公司业绩快报修正公告格式模板（略）

附件9：北交所上市公司持续监管临时公告格式模板第9号——上市公司董事会决议公告格式模板（略）

附件10：北交所上市公司持续监管临时公告格式模板第10号——上市公司监事会决议公告格式模板（略）

附件11：北交所上市公司持续监管临时公告格式模板第11号——上市公司召开股东大会通知公告格式模板（略）

附件12：北交所上市公司持续监管临时公告格式模板第12号——上市公司股东大会延期公告格式模板（略）

附件13：北交所上市公司持续监管临时公告格式模板第13号——上市公司股东大会增加临时提案的公告格式模板（略）

附件14：北交所上市公司持续监管临时公告格式模板第14号——上市公司股东大会决议公告格式模板（2022年修订）（略）

附件15：北交所上市公司持续监管临时公告格式模板第15号——上市公司拟修订《公司章程》公告格式模板（略）

附件16：北交所上市公司持续监管临时公告格式模板第16号——上市公司治理制度格式模板（略）

附件17：北交所上市公司持续监管临时公告格式模板第17号——公开征集股东权利公告格式模板（2022年修订）（略）

附件18：北交所上市公司持续监管临时公告格式模板第18号——上市公司董事未亲自出席董事会会议的说明公告格式模板（略）

附件19：北交所上市公司持续监管临时公告格式模板第19号——上市公司购买出售资产公告格式模板（略）

附件20：北交所上市公司持续监管临时公告格式模板第20号——上市公司对外（委托）投资公告格式模板（略）

附件21：北交所上市公司持续监管临时公告格式模板第21号——上市公司提供担保公告格式模板（略）

附件22：北交所上市公司持续监管临时公告格式模板第22号——上市公司关联交易公告格式模板（略）

附件23：北交所上市公司持续监管临时公告格式模板第23号——上市公司关于预计日常性关联交易公告格式模板（略）

附件24：北交所上市公司持续监管临时公告格式模板第24号——上市公司开展新业务公告格式模板（略）

附件25：北交所上市公司持续监管临时公告格式模板第25号——上市公司重要在研产品（项目）进展的提示公告格式模板（（略）

附件26：北交所上市公司持续监管临时公告格式模板第26号——上市公司权益分派预案公告格式模板（略）

附件27：北交所上市公司持续监管临时公告格式模板第27号——上市公司权益分派实施公告格式模板（略）

附件28：北交所上市公司持续监管临时公告格式模板第28号——上市公司股票解除限售公告格式模板（略）

附件29：北交所上市公司持续监管临时公告格式模板第29号——上市公司关于股东所持公司股份自愿限售公告格式模板（略）

附件30：北交所上市公司持续监管临时公告格式模板第30号——上市公司证券简称变更公告格式模板（略）

附件31：北交所上市公司持续监管临时公告格式模板第31号——上市公司全称变更公告格式模板（略）

附件32：北交所上市公司持续监管临时公告格式模板第32号——上市公司股票停牌公告格式模板（略）

附件33：北交所上市公司持续监管临时公告格式模板第33号——上市公司股票停牌进展公告格式模板（略）

附件34：北交所上市公司持续监管临时公告格式模板第34号——上市公司股票延期复牌公告格式模板（略）

附件35：北交所上市公司持续监管临时公告格式模板第35号——上市公司股票停牌事项变更公告格式模板（略）

附件36：北交所上市公司持续监管临时信息披露模板第36号——上市公司股票复牌公告格式模板（略）

附件37：北交所上市公司持续监管临时公告格式模板第37号——上市公司主营业务

变更公告格式模板（略）

附件38：北交所上市公司持续监管临时公告格式模板第38号——上市公司董事、监事及高级管理人员变动公告格式模板（略）

附件39：北交所上市公司持续监管临时公告格式模板第39号——上市公司股权质押、司法冻结、解除质押、解除冻结公告格式模板（略）

附件40：北交所上市公司持续监管临时公告格式模板第40号——上市公司股票交易异常波动公告格式模板（略）

附件41：北交所上市公司持续监管临时公告格式模板第41号——上市公司竞价/要约回购股份方案公告格式模板（略）

附件42：北交所上市公司持续监管临时公告格式模板第42号——上市公司定向回购方案公告格式模板（略）

附件43：北交所上市公司持续监管临时公告格式模板第43号——上市公司回购进展情况公告格式模板（略）

附件44：北交所上市公司持续监管临时公告格式模板第44号——上市公司回购股份结果公告格式模板（略）

附件45：北交所上市公司持续监管临时公告格式模板第45号——上市公司回购股份或库存股注销完成暨股份变动公告格式模板（略）

附件46：北交所上市公司持续监管临时公告格式模板第46号——上市公司澄清公告格式模板（略）

附件47：北交所上市公司持续监管临时公告格式模板第47号——上市公司涉及诉讼、仲裁及其进展公告格式模板（略）

附件48：北交所上市公司持续监管临时公告格式模板第48号——上市公司或关联方收到立案调查、自律监管措施、纪律处分、行政监管措施、行政处罚或被追究刑事责任等相关文书的公告格式模板（略）

附件49：北交所上市公司持续监管临时公告格式模板第49号——上市公司及其关联方被纳入失信联合惩戒对象的公告格式模板（略）

附件50：北交所上市公司持续监管临时公告格式模板第50号——关于承诺事项新增情形及其履行进展的公告格式模板（略）

附件51：北交所上市公司持续监管临时公告格式模板第51号——上市公司股东增持股份计划进展结果公告格式模板（略）

附件52：北交所上市公司持续监管临时公告格式模板第52号——上市公司持股5%以上股东实际控制人董监高减持股份计划/进展/结果公告格式模板（略）

附件53：北交所上市公司持续监管临时公告格式模板第53号——上市公司触发稳定

股价措施启动条件的提示性公告格式模板（略）

附件54：北交所上市公司持续监管临时公告格式模板第54号——上市公司实施稳定股价方案公告格式模板（略）

附件55：北交所上市公司持续监管临时公告格式模板第55号——上市公司稳定股价措施实施结果公告格式模板（略）

附件56：北交所上市公司持续监管临时公告格式模板第56号——上市公司投资者说明会预告公告格式模板（略）

附件57：北交所上市公司持续监管临时公告格式模板第57号——上市公司关于接待机构投资者调研情况的公告（略）

附件58：北交所上市公司持续监管临时公告格式模板第58号——上市公司第一大股东、控股股东、实际控制人及其一致行动人变更公告格式模板（略）

附件59：北交所上市公司持续监管临时公告格式模板第59号——上市公司使用闲置募集资金暂时补充流动资金公告格式（略）

附件60：北交所上市公司持续监管临时公告格式模板第60号——上市公司使用闲置募集资金购买理财产品公告格式（略）

附件61：北交所上市公司持续监管临时公告格式模板第61号——上市公司变更募集资金用途公告格式（略）

附件62：北交所上市公司持续监管临时公告格式模板第62号——上市公司使用（部分）超募资金永久补充流动资金/归还银行借款公告格式（略）

附件63：北交所上市公司持续监管临时公告格式模板第63号——上市公司募集资金存放与实际使用情况的专项报告（略）

北京证券交易所自律监管措施和纪律处分实施细则

【发布机关】北京证券交易所

【发文字号】北证公告〔2021〕47 号

【发布日期】2021 年 11 月 02 日

为了做好北京证券交易所（以下简称本所）自律监管措施和纪律处分的实施工作，提高本所自律监管的规范性和透明度，本所制定了《北京证券交易所自律监管措施和纪律处分实施细则》，现予以发布，自 2021 年 11 月 15 日起施行。

特此公告。

北京证券交易所

2021 年 11 月 2 日

第一章 总 则

第一条 为规范北京证券交易所（以下简称本所）自律监管措施和纪律处分的实施，有效履行自律监管职责，维护证券市场秩序，保护市场参与人的合法权益，根据《证券交易所管理办法》及本所相关业务规则，制定本细则。

第二条 对违反本所业务规则的监管对象实施自律监管措施和纪律处分，适用本细则。

前款所称监管对象包括：

（一）证券及证券衍生品种的发行人、上市公司（以下统称证券发行人）及其董事、监事、高级管理人员、股东、实际控制人、收购人、重大资产重组交易对方、破产管理人等机构及相关人员；

（二）保荐机构、保荐代表人、承销商及相关人员；

（三）律师事务所、会计师事务所等证券服务机构（以下简称证券服务机构）及相关人员；

（四）本所会员、其他交易参与人及相关人员；

（五）投资者；

（六）本所业务规则规定的其他机构和人员。

第三条 实施自律监管措施和纪律处分应当遵循依规、公正、及时的原则。

第四条 实施自律监管措施和纪律处分应当以事实为依据，与违规行为的性质、情节以及危害程度相当。

第五条 自律监管措施和纪律处分可以单独或合并实施。

第六条 纪律处分由本所根据纪律处分委员会的意见作出决定并实施。

自律监管措施由本所或其指定的业务部门（以下简称业务部门）作出决定并实施。

第七条 监管对象被本所或业务部门实施自律监管措施或者纪律处分的，应当根据要求履行相关义务。未按要求履行义务的，本所或业务部门可以对其进一步实施自律监管措施或者纪律处分。

第八条 行政处罚决定书、行政监管措施决定书或者生效司法裁判文书中对相关事实情况作出认定的，本所或业务部门可以据此认定监管对象的违规事实，并实施相应的自律监管措施或者纪律处分。

本所或业务部门认定违规事实所依据的行政处罚决定书、行政监管措施决定书或者司法裁判文书被依法撤销，监管对象可以向本所或业务部门书面申请撤销自律监管措施或者纪律处分。

第九条 本所工作人员实施自律监管措施或者纪律处分，应当严格遵纪守法，公正廉洁，不得利用职务便利谋取不正当利益，不得泄露所知悉的监管对象的商业秘密。

第十条 本所工作人员与自律监管措施或者纪律处分事项存在利害关系，可能影响自律监管措施或者纪律处分公正处理的，应当回避。

第十一条 实施自律监管措施和纪律处分，可以综合监管对象违规行为的主观因素、客观因素、监管对象的职务、职责、权限及履职情况等具体情节予以认定。

第十二条 实施自律监管措施和纪律处分时可以综合考量的主观因素包括：

（一）违规行为发生后，监管对象是否掩饰、隐瞒违规事实，是否采取适当的补救、改正措施；

（二）违规行为发生后，监管对象是否及时向本所或者中国证监会报告，是否积极配合，是否干扰、阻碍调查的进行；

（三）其他需要考量的主观因素。

第十三条 实施自律监管措施和纪律处分时可以综合考量的客观因素包括：

（一）违规行为涉及的金额及占相关数据的比重；

（二）违规行为发生的次数、频率及持续的时间；

（三）违规行为对证券交易价格、交易量和投资者投资决策的影响程度；

（四）违规行为对证券发行上市、风险警示、停复牌、终止上市、重新上市、重大资产重组、收购及权益变动、股权激励计划等事项或者条件的影响；

（五）违规行为给投资者、上市公司等造成的损失，违规监管对象及相关方从中获取的利益；

（六）违规行为对证券市场和证券监管造成的影响；

（七）违规行为被相关行政机关、司法机关查处的情况；

（八）其他需要考量的客观因素。

第十四条 具有下列情形之一的，可以从轻、减轻或者免予实施自律监管措施或者纪律处分：

（一）在违规行为被发现前，积极主动采取纠正措施，并向本所或者中国证监会报告；

（二）违规行为未对市场造成实际影响，或已采取有效措施消除、减轻影响或风险；

（三）在违规行为所涉期间，存在不可抗力等因素导致无法正常履行职责；

（四）积极配合本所采取相关措施；

（五）本所认定的其他情形。

免予实施自律监管措施或纪律处分的，本所或业务部门可以采取其他监管方式进行处理。

第十五条 具有下列情形之一的，可以从重、加重实施自律监管措施或者纪律处分：

（一）违规金额巨大，占相关数据比重较高；

（二）违规行为给投资者、上市公司等主体造成较大损失；

（三）违规行为长期持续或多次发生；

（四）存在多个不同类型的违规行为；

（五）违规行为导致证券交易发生异常波动且情节严重；

（六）违规行为对市场造成恶劣影响；

（七）被中国证监会行政处罚、实施行政监管措施或被本所实施纪律处分、自律监管措施后6个月内又发生同类违法违规行为；

（八）干扰、阻碍调查或者拒不配合本所采取相关措施；

（九）本所认定的其他情节严重情形。

第二章 自律监管措施

第一节 自律监管措施的种类

第十六条 证券发行人、收购人、重大资产重组交易对方、破产管理人、中介机构等相关主体出现违规行为的，本所或业务部门可以实施以下自律监管措施：

（一）口头警示，即以口头形式将有关违规事实或风险状况告知监管对象，要求其采取措施及时防范、补救或者改正；

（二）监管关注，即对存在违规行为的监管对象予以关注，告知其有关违规事实或风险状况，并要求其采取措施及时防范、补救或者改正；

（三）约见谈话，即要求监管对象在指定的时间和地点就有关违规行为接受质询和训诫，并要求其作出解释说明，采取措施及时防范、补救或者改正；

（四）要求提交书面承诺，即要求监管对象提交在规定时间内为或不为一定行为的书面承诺；

（五）出具警示函，即以书面形式将有关违规事实或风险状况告知监管对象，并要求其采取措施及时防范、补救或者改正；

（六）限期改正，即要求监管对象停止违规行为或者限期改正；

（七）要求公开更正、澄清或说明，即要求监管对象对信息披露中的错漏事项进行公开更正，或者对有关事项或风险情况予以公开澄清或说明；

（八）要求公开致歉，即要求监管对象对违规事项以公告形式向投资者公开致歉；

（九）要求限期参加培训或考试，即要求监管对象限期参加指定机构组织的专业培训或考试，督促其提升守法意识、职业操守和执业能力；

（十）要求限期召开投资者说明会，即要求监管对象限期召开说明会，就特定事项公开向投资者作出解释或者说明；

（十一）要求上市公司董事会追偿损失，即对于他人给上市公司造成损失，且相关损失已由司法机关、行政机关或损失造成者予以明确确认，但上市公司董事会未进行追偿的，要求上市公司董事会主动进行追偿；

（十二）暂停解除上市公司控股股东、实际控制人的股票限售，即在一定期限内不办理相关人员所持上市公司股份的解除限售申请；

（十三）建议更换相关任职人员，即建议上市公司等更换董事、监事或高级管理人员，并及时选聘符合资格的董事、监事或高级管理人员；

（十四）向相关主管部门出具监管建议函，即对违规行为同时涉嫌违反中国证监会之外的其他主管部门监管规定的监管对象，以书面函件等形式将监管对象的有关行为或者风险状况告知相关主管部门，建议其予以关注；

（十五）本所规定的其他自律监管措施。

第十七条 本所会员、其他交易参与人及相关主体出现违规行为的，本所或业务部门可以实施以下自律监管措施：

（一）本细则第十六条第一项至第六项规定的自律监管措施；

（二）暂停受理或办理相关业务，即在一定期限内不受理监管对象业务申请或不予办理相关业务；

（三）本所规定的其他自律监管措施。

第十八条 投资者出现违规行为的，本所或者业务部门可以实施以下自律监管措施：

（一）本细则第十六条第一项至第六项规定的自律监管措施；

（二）将证券账户列入重点监控账户，即将发生严重异常交易行为或者频繁发生异常交易行为的证券账户列入重点监控账户名单，并要求相关会员或者其他交易参与人予以重点管理；

（三）暂停证券账户交易，即对于存在异常交易或其他违规交易行为的监管对象，暂停其名下证券账户的全部或者特定证券交易；

（四）限制证券账户交易，即对于存在严重异常交易或其他违规交易行为的监管对象，限制其名下证券账户在一段时期内的全部或者特定证券交易；

（五）本所规定的其他自律监管措施。

第二节 自律监管措施的实施程序

第十九条 实施口头警示、监管关注、约见谈话、要求提交书面承诺的，可以口头或书面方式通知。

实施其他自律监管措施的，应当向监管对象发送自律监管措施决定书。自律监管措施决定书应当包括违规事实、实施的监管措施及适用规则等。

第二十条 实施口头警示措施的，由本所或者业务部门通过电话等口头形式向监管对象作出，或委托相关机构、证券发行人送达，告知其违规事实、实施的自律监管措施及适用规则，并明确指出如未及时终止违规行为，将对其进一步实施自律监管措施或者纪律处分。

实施口头警示的，应当留存录音、电话记录单或委托送达通知。

第二十一条 实施监管关注措施的，由本所或者业务部门通过口头或书面形式向监管对象作出，或委托相关机构、证券发行人送达，告知其违规事实、实施的自律监管措施及适用规则。

第二十二条 实施约见谈话措施的，由本所或者业务部门至少提前 3 个交易日通知监管对象，告知其违规事实、实施的自律监管措施及适用规则，同时告知谈话的时间、地点、事项和应当提供的书面材料等内容。

实施约见谈话措施的，业务部门应当制作谈话记录，参加谈话的监管对象应当签字确认。

第二十三条 实施要求提交书面承诺措施的，由本所或者业务部门通知监管对象，告知其违规事实、实施的自律监管措施及适用规则、需要书面承诺的事项等内容。

第二十四条 实施出具警示函措施的，由本所或者业务部门向监管对象发送自律监管措施决定书，告知其应当关注的问题，对其进行警示，提醒其尽快改进。

第二十五条 实施限期改正措施的，由本所或者业务部门向监管对象发送自律监管措施决定书，告知其整改的事项、时限和要求等内容。

第二十六条 实施要求公开更正、澄清或说明措施的，由本所或者业务部门向监管对象发送自律监管措施决定书，告知其要求公开更正、澄清或说明的事项、时限和公开的方式等内容。

第二十七条 实施要求公开致歉措施的，由本所或者业务部门向监管对象发送自律监管措施决定书，告知其需要致歉的事项、时限、方式和要求等内容。

第二十八条 实施要求限期参加培训或考试措施的，由本所或者业务部门向监管对象发送自律监管措施决定书，告知其参加培训或考试的种类、时限和要求等内容。

第二十九条 实施要求限期召开投资者说明会措施的，由本所或者业务部门向监管对象发送自律监管措施决定书，告知其召开投资者说明会的事项、时限和要求等内容。

第三十条 实施要求上市公司董事会追偿损失措施的，由本所或者业务部门向上市公司发出书面通知，告知其应追偿损失的事项、时限和要求等内容。

第三十一条 实施暂停解除上市公司控股股东、实际控制人的股票限售措施的，由本所或者业务部门向监管对象发送自律监管措施决定书，告知其暂停办理解除限售申请的时限，可以要求其进行自查并提交自查报告，或要求其限期进行整改。

第三十二条 实施建议更换相关任职人员措施的，由本所或者业务部门向上市公司发送自律监管措施决定书，告知其建议更换的有关任职人员的姓名、职务和具体要求等内容，以及建议更换的原因。

第三十三条 实施向相关主管部门出具监管建议函措施的，由本所向相关主管部门发出书面函件，告知其监管对象的违规事实、风险状况并建议其采取相应监管措施，同时向监管对象发出书面通知，告知其实施自律监管措施的事项、简要理由及监管建议函的主要内容。

第三十四条 实施暂停受理或者办理相关业务措施的，由本所或者业务部门向监管对象发出书面通知，告知其暂停受理或者办理相关业务的原因、期限、业务种类以及恢复受理或者办理的条件、时间等内容。

第三十五条 实施将证券账户列入重点监控账户措施的，由本所或者业务部门将有关账户名单发送至会员或者其他交易参与人，会员或者其他交易参与人应当告知监管对象并加强相关账户的客户管理工作。

第三十六条 实施暂停证券账户交易措施的，由本所或者业务部门暂停监管对象名下证券账户买卖全部或特定证券的交易权限，并应当以书面形式通知相关会员或者其他交易参与人送达。

暂停证券账户交易的持续时间一般不超过 1 个交易日。

第三十七条 实施限制证券账户交易措施的，由本所或者业务部门限制监管对象名下证券账户一段时期内的全部或者特定证券交易，并应当以书面形式通知相关会员或者其他交易参与人送达。

限制证券账户交易的单次持续时间一般不超过 6 个月，但违规情节特别严重的除外。

第三十八条 拟实施本细则第十六条第十二项、第十三项、第十四项、第十七条第二项、第十八条第四项规定的自律监管措施的，应当按照本细则第三章第三节规定的程序，提交本所纪律处分委员会审议。

第三章 纪律处分

第一节 纪律处分的种类

第三十九条 本所纪律处分包括：

（一）通报批评，即本所在一定范围内或以公开方式对监管对象进行批评；

（二）公开谴责，即本所以公开方式对监管对象进行谴责；

（三）认定不适合担任相关职务，即本所以公开方式认定监管对象 3 年及以上不适合担任上市公司董事、监事、高级管理人员；

（四）暂不接受证券发行人提交的发行上市申请文件，即在一定期间内不接受有关发行人或上市申请人提交的发行上市申请文件；

（五）暂不接受证券发行人控股股东、实际控制人及其控制的其他发行人提交的发行上市申请文件，即在一定期间内不接受有关控股股东、实际控制人及其控制的其他发行人提交的发行上市申请文件；

（六）暂不受理机构或者其从业人员出具的相关业务文件，即本所在一定期限内不受理保荐承销机构、财务顾问、资信评级机构、受托管理人或者履行同等职责的机构、会计师事务所、资产评估机构、律师事务所等机构或者其相关人员提交或签字的相关业务文件；

（七）收取惩罚性违约金，即本所对出现违规行为的发行人、上市公司及相关市场主体、会员等，按照协议以及本所业务规则的规定，收取一定金额的违约金；

（八）暂停或者限制交易权限，即本所对存在违规的会员或者其他交易参与人，暂停或者限制部分或者全部交易单元的交易品种、方式、规模等交易权限；

（九）取消交易权限，即本所对存在违规的会员或者其他交易参与人，关闭其相关交易单元的交易品种、方式、规模等交易权限；

（十）取消交易参与人资格，即对存在违规的交易参与人，取消其交易参与人资格；

（十一）取消会员资格，即对存在违规的会员，取消其会员资格；

（十二）本所规定的其他纪律处分。

第二节 纪律处分委员会

第四十条 本所设纪律处分委员会，纪律处分委员会通过会议形式进行审议，对相关事项形成审议意见。

第四十一条 纪律处分委员会委员由本所相关专业人员和外部有关专家组成。

纪律处分委员会根据工作需要设主任委员、副主任委员。

本所可以根据需要对纪律处分委员会委员进行调整。

第四十二条 纪律处分委员会委员由本所聘任，每届任期3年，可以连任。

纪律处分委员会委员应当具备下列条件：

（一）坚持原则、公正廉洁；

（二）熟悉证券市场情况及本所自律管理业务；

（三）熟悉有关证券法律、法规、行政规章和本所业务规则；

（四）本所要求的其他条件。

第四十三条 纪律处分委员会委员有下列情形之一的，予以解聘：

（一）任期内因职务变动不宜继续担任纪律处分委员会委员；

（二）连续两次无故缺席审议；

（三）任期内严重渎职或者违反纪律处分委员会工作纪律；

（四）本人提出书面辞职申请并获批准；

（五）不适合担任纪律处分委员会委员的其他情形。

第四十四条 纪律处分委员会委员出席纪律处分审议会议，应根据自身专业判断，独立发表意见并行使表决权。

第四十五条 纪律处分委员会委员履行职责时，应当遵守下列规定：

（一）勤勉尽责，认真审阅纪律处分相关材料；

（二）按时出席会议，独立公正地发表意见；

（三）不得泄露会议内容、表决情况及其他有关事项；

（四）不得私下与纪律处分事项有关的单位或者个人接触，不得接受其馈赠；

（五）不得利用在履行职责时获取的非公开信息，为本人或他人谋取利益。

第四十六条 纪律处分委员会委员在审议纪律处分事项中，遇有下列情形之一的，应当回避：

（一）担任该纪律处分事项的直接监管人员；

（二）本人及其近亲属是纪律处分对象，或者担任作为纪律处分对象的董事、监事、高级管理人员或类似职责人员；

（三）本人及其近亲属持有作为纪律处分对象5%以上股份或者是其实际控制人，或者担任持有该纪律处分对象 5% 以上股份的股东、实际控制人的董事、监事、高级管理人员；

（四）与纪律处分事项有其他利害关系，可能影响公正处理。

第三节　纪律处分的实施程序

第四十七条　本所业务部门认为应对监管对象实施纪律处分或第三十八条所列自律监管措施的，应当以部门名义向监管对象发送纪律处分事先告知书或自律监管措施事先告知书。但属于下列情形之一的除外：

（一）本所认为违规事实清楚且情况紧急，需要立即实施纪律处分或自律监管措施的；

（二）拟实施限制证券账户交易的自律监管措施；

（三）发送事先告知书可能对纪律处分或自律监管措施实施效果产生重大影响的其他情形。

第四十八条　纪律处分事先告知书应当向监管对象说明违规事实、拟实施的纪律处分及其适用理由、适用规则，并要求其在 5 个交易日内予以书面答复。

监管对象应当在收到前款事先告知书后 5 个交易日内，书面回复是否接受本所将实施的纪律处分。如对将实施的纪律处分有异议的，应当提交书面申辩材料。

根据本所业务规则属于听证范围的，监管对象可以要求举行听证，但按照本细则第四十七条的规定未发送事先告知书的除外。

第四十九条　监管对象在纪律处分事先告知书规定时间内未提交书面申辩或虽提交书面申辩，但本所业务部门仍然认为需要给予其纪律处分的，业务部门应当及时提起召开纪律处分会审议。

第五十条　纪律处分委员会通过会议形式对纪律处分事项进行审议。每次会议参会委员原则上不少于 5 名，其中设召集人 1 名。

拟实施限制证券账户交易措施，或违规行为事实清楚且不涉及重大无先例的，可以由 3 名委员审议。

第五十一条　审议会议由召集人主持，并按照下列程序进行：

（一）参会委员听取有关事项，并询问相关情况；

（二）召集人组织参会委员对审议事项逐一发表个人审议意见；

（三）参会委员填写表决票；

（四）召集人宣布表决结果，并形成审议意见。

第五十二条　纪律处分委员会根据表决结果明确如下审议意见：

（一）认为违规事实清楚，证据充分，适用规则正确，处分措施适当的，表决通过，决定实施纪律处分；

（二）认为违规事实清楚，证据充分，但存在适用规则或者处分方式不当等情形的，表决通过，同时对适用规则或处分方式提出明确意见；

（三）认为违规事实不清，证据不足，或遗漏违规事实、责任主体等情形的，暂缓表决；部分责任主体违规事实清楚的，可以先行处理；纪律处分委员会应对暂缓表决的事由和需要补充核查的事项发表明确意见，业务部门根据该意见进行补充核查或作出相应处理；

（四）认为违反本所业务规则，无须采取纪律处分，但应当采取自律监管措施的，决定采取自律监管措施；

（五）认为情节显著轻微可以酌情不予处理的或无充分有效证据证明监管对象负有责任的，表决不予处理。

第五十三条　审议会议的表决以记名方式进行，表决票设同意票和反对票两种，通过表决事项需同意票数超过半数。

第五十四条　属于下列情形之一的，纪律处分委员会可以进行通讯表决，形成审议意见：

（一）拟实施限制证券账户交易的措施；

（二）监管对象书面表示接受事先告知书所提出的处分的；

（三）事实清楚、情况紧急，需要立即启动纪律处分或自律监管措施程序。

第五十五条　本所根据纪律处分委员会的审议意见，作出纪律处分决定，向监管对象发送纪律处分决定书。

纪律处分决定书中应当载明监管对象的违规事实、监管对象的书面申辩理由及其采纳情况（如有）、适用规则及决定实施的纪律处分。

第五十六条　在纪律处分审议会议对审议事项形成意见后至纪律处分或自律监管措施决定作出前，有关事项出现新情况的，业务部门可以提请纪律处分委员会召开会后事项审议会，对该事项重新进行审议。

第四章　其他事项

第五十七条　本所或业务部门在实施自律监管措施或者纪律处分前可以进行现场检查，或者采取与有关人员进行谈话，发出问询、核查通知书等书面函件，调阅工作底稿等方式查明有关事实。

第五十八条　监管对象对本所实施的自律监管措施或纪律处分不服，属于复核受理范围的，可以按照复核程序的相关规定，向本所复核委员会申请复核。

复核期间自律监管措施和纪律处分不停止执行，本所业务规则另有规定的除外。

第五十九条　本所或业务部门可以通过电子系统、邮寄、公告、传真等方式向监管对象送达自律监管措施事先告知书、自律监管措施决定书、纪律处分事先告知书、纪律处分决定书及其他相关文件。

监管对象是投资者的，本所或业务部门可以通过其委托交易的会员或者其他交易参与人送达。监管对象为证券发行人董事、监事、高级管理人员、股东、实际控制人、收购人等自然人、机构及其相关人员，保荐机构及其保荐代表人、证券服务机构及其相关人员以及交易对手方等的，本所或业务部门可以通过证券发行人送达。监管对象是机构的工作人员的，本所或业务部门也可以通过相关机构送达。

监管对象下落不明或者用其他方式无法送达的，本所或业务部门可以在本所网站发布公告，自公告发布之日起满 10 个交易日即视为送达。

第六十条 本所可以要求监管对象在符合《证券法》规定的信息披露平台就被本所实施自律监管措施或者纪律处分的相关情况作出公告。相关监管对象未按要求公告的，本所可以根据情况进一步实施相关自律监管措施或者纪律处分。

第六十一条 本所将对监管对象实施的纪律处分和相关监管措施记入诚信档案，并可根据情况通报中国证监会及其派出机构、地方政府和行业自律组织。

本所在实施纪律处分和自律监管措施过程中，发现监管对象及相关主体的行为涉嫌违反法律、行政法规或者中国证监会相关规定的，按照相关规定报告中国证监会。

第五章　附　　则

第六十二条 本细则由本所负责解释。

第六十三条 本细则自 2021 年 11 月 15 日起施行。

北京证券交易所自律管理听证实施细则

【发布机关】北京证券交易所
【发文字号】北证公告〔2021〕25号
【发布日期】2021年11月02日

为了规范北京证券交易所（以下简称本所）自律管理听证程序，保障相关市场主体的合法权益，本所制定了《北京证券交易所自律管理听证实施细则》，现予发布，自2021年11月15日起施行。

特此公告。

北京证券交易所
2021年11月2日

第一条　为了规范北京证券交易所（以下简称本所）自律管理听证程序，提高自律管理的公正性和透明度，保护当事人合法权益，根据《证券交易所管理办法》《北京证券交易所股票上市规则（试行）》等相关规定，制定本细则。

第二条　本所在作出以下自律管理决定前，根据当事人申请举行听证会，听取当事人的陈述及申辩意见：

（一）公开谴责；

（二）认定不适合担任相关职务；

（三）暂不接受证券发行人提交的发行上市申请文件；

（四）暂不接受证券发行人控股股东、实际控制人及其控制的其他发行人提交的发行上市申请文件；

（五）暂不受理机构或者其从业人员出具的相关业务文件；

（六）收取惩罚性违约金；

（七）暂停或者限制交易权限；

（八）取消交易权限；

（九）取消交易参与人资格；

（十）取消会员资格；

（十一）股票的终止上市决定，但根据当事人申请终止上市的除外；

（十二）本所认为需要举行听证的其他自律管理决定。

根据《北京证券交易所自律监管措施和纪律处分实施细则》规定，无需发送纪律处分事先告知书的处分决定，不属于听证申请范围。

第三条 本所就纪律处分事项举行听证的，由本所纪律处分委员会组织召开听证会。

本所就终止上市事项举行听证的，由本所上市委员会组织召开听证会。

听证会可以采用现场会议或者网络视频、电话等非现场会议形式召开。

第四条 纪律处分听证委员由本所纪律处分委员会委员担任。终止上市听证委员由本所上市委员会委员担任。

每次听证会的听证委员为5名，其中1名为听证召集人，听证召集人由纪律处分委员会、上市委员会相关审议会议召集人担任。

上市委员会秘书处、纪律处分委员会秘书处工作人员分别担任终止上市、纪律处分事项的听证会秘书。听证会秘书负责会议材料接收、听证通知发送、会议记录等事务。

第五条 听证委员存在《北京证券交易所上市委员会管理细则》《北京证券交易所自律监管措施和纪律处分实施细则》规定的委员回避情形的，应当回避。

当事人认为听证委员存在应当回避的情形，可以申请其回避，回避的具体要求按照《北京证券交易所上市委员会管理细则》《北京证券交易所自律监管措施和纪律处分实施细则》的规定执行。

第六条 本所拟作出本细则第二条规定的自律管理决定的，应当在向当事人送达的事先告知书中载明当事人享有申请听证的权利。

第七条 当事人申请听证的，应当在收到本所事先告知书或者本所公告送达事先告知书期满之日（以在先者为准）起5个交易日内以书面形式向本所提交听证申请材料，逾期提交的证据材料，不纳入听证范围。

当事人逾期未提出书面听证申请的，视为放弃听证权利。同一事项的部分当事人放弃听证权利的，不影响其他当事人申请听证。

本所向当事人发送听证会议通知书等听证相关文件的，可以采用电子送达或者邮寄送达等方式。

听证申请材料提交途径、方式及工作人员联系方式在本所网站公布。

第八条 听证申请材料至少包括下列文件：

（一）听证申请书及相应证据材料；

（二）申请人的陈述及申辩材料；

（三）申请人有效身份证明材料及联系方式，包括身份证件或营业执照复印件等；

（四）听证事项有关事先告知书；

（五）证明听证申请时间在规定期限内的材料；

（六）本所规定的其他文件。

前款第一至三项材料应由申请人签名，申请人为法人的，应当加盖公章并由法定代表人签名。

第九条 听证申请事项及材料符合本所规定的，本所在收到听证申请后 20 个交易日内组织听证，在听证会议召开 5 个交易日前向当事人发送听证会议通知书，并通知听证委员、本所与听证事项有关的业务部门人员参加听证，向听证委员发送听证会议材料。

本所纪律处分委员会或者上市委员会对听证事项的后续审核，原则上由听证委员进行。

听证申请事项及材料不符合本所规定的，本所不予组织听证并通知当事人。

第十条 听证会议通知书应当载明以下事项：

（一）听证的时间、地点；

（二）听证的程序；

（三）听证的纪律；

（四）其他相关事项。

第十一条 当事人应当按期参加听证。除出现本细则第十二条第一款第一项、第二项所述情形，当事人未按期参加听证的，视为放弃听证。

第十二条 有下列情形之一的，听证可以延期举行：

（一）因不可抗力致使听证无法按期举行的；

（二）当事人申请延期举行听证且经本所同意的；

（三）因听证委员回避，致使听证无法按期举行的；

（四）本所认为需要延期听证的其他情形。

当事人申请延期举行听证的，应当在收到听证会议通知书后 3 个交易日内书面提出。

延期举行听证的情形消除后，本所及时安排召开听证会。

第十三条 当事人为个人的，应当亲自参加听证。无法亲自参加，提出申请并经本所同意的，可以委托 1 名熟悉听证事项情况的人员参加。

当事人为单位的，应当由法定代表人或者其授权的 1 名熟悉听证事项情况的本单位工作人员参加听证。

第十四条 当事人在听证中有以下权利和义务：

（一）按时出席听证；

（二）在听证会议召开 1 个交易日前书面撤回听证申请，结束听证；

（三）如实陈述相关事实和回答提问，举证客观、真实；

（四）遵守听证纪律，服从听证召集人的要求；

（五）对获知的国家秘密、商业秘密和个人隐私予以保密；

（六）本所业务规则规定的其他权利和义务。

第十五条 听证会议按下列程序进行：

（一）听证会议开始前，由听证会秘书查明当事人或者其代理人、本所业务部门的承办人员（以下简称承办人员）等听证参加人是否到场，将相关情况告知听证召集人并宣布听证纪律；

（二）听证召集人核对听证参加人，宣布出席听证的委员、听证会秘书名单，告知听证参加人在听证中的权利、义务，询问当事人或其代理人是否申请回避；

（三）听证召集人宣布听证开始和案由；

（四）承办人员提出具体事实、证据、规则依据、处理建议；

（五）当事人或者其代理人进行陈述和申辩，并可以提出相关事实、理由和证据；

（六）听证召集人、听证委员可以向承办人员、当事人或其代理人等提问，相关人员应当如实回答；

（七）听证召集人询问各方是否有补充意见；

（八）听证召集人宣布听证结束。

第十六条 在听证过程中，听证参加人应当遵守听证纪律，保证听证有序举行。

相关人员违反听证纪律、妨碍听证秩序，听证召集人有权予以制止；情节严重的，可以责令其退出听证会场。

第十七条 听证结束后，当事人或者其代理人应当当场将听证现场的陈述、申辩材料及其他有关材料提交听证会秘书。

第十八条 听证会秘书应当现场记录听证的内容，并将听证记录交由听证委员、当事人或者其代理人、承办人员及其他参会人员等现场签字或盖章确认。相关人员认为听证记录有误的，可以要求补充或者修改。听证记录无误，但相关人员拒绝签字或盖章确认的，听证会秘书可以将相关情况记入听证记录予以存档。

第十九条 听证记录、当事人提交的陈述、申辩意见及其他有关材料，应当作为本所纪律处分委员会或者上市委员会形成纪律处分决定或者终止上市决定的参考。

听证事项为纪律处分事项的，不得因当事人申请听证而加重纪律处分。

第二十条 在听证过程中出现下列情形之一的，本所可以中止听证：

（一）当事人在听证过程中提出的回避申请理由成立，且因无法即时更换被申请回避人员致使听证无法继续举行的；

（二）当事人因不可抗拒的事由，无法继续参加听证的；

（三）因不可抗拒的事由，致使听证无法继续举行的；

（四）本所认为需要中止听证的其他情形。

中止听证的情形消除后，本所应当及时安排召开听证会。

第二十一条 当事人有下列情形之一的，本所可以终止听证，并将相关情形记录在案：

（一）书面撤回听证申请的；

（二）无正当理由不按期参加听证的；

（三）未经听证召集人允许中途退场的；

（四）严重违反听证纪律，被听证召集人责令退场的；

（五）本所认为应当终止听证的其他情形。

同一事项的部分当事人因上述情形被终止听证的，不影响其他当事人继续参加听证。

第二十二条 听证程序所涉期间，不计入本所作出有关自律管理决定的期限。

第二十三条 本所举行听证，不向当事人收取费用。

第二十四条 本细则由本所负责解释。

第二十五条 本细则自2021年11月15日起施行。